DUMONT

Seit über dreißig Jahren besucht Hédi Fried weiterführende Schulen und Universitäten in Schweden, um über den Holocaust, Antisemitismus und Rassismus zu sprechen. Als Zweiundzwanzigjährige wurde sie 1944 nach Auschwitz deportiert. Nach ihrer Befreiung zog sie gemeinsam mit ihrer Schwester, der einzigen anderen Überlebenden ihrer Familie, nach Schweden, wo sie heute noch lebt.

Auf die direkten Fragen der jungen Erwachsenen, die sie hier versammelt hat, antwortet sie ebenso konkret und offen wie eindringlich und weise. Sie berichtet von dem Tag, an dem ihre Familie aus ihrer Heimatstadt deportiert wurde, von der Zeit im Lager und dem Leben danach. Es gelingt ihr, einen Eindruck davon zu geben, was der Holocaust für die Verfolgten tatsächlich bedeutete. Gerade im Konkreten wird das Grauen ein Stück weit greifbar, rücken die unvorstellbaren Ereignisse näher an uns heran. Es wird deutlich, dass das, was einmal geschehen ist, wieder passieren könnte.

Hédi Fried, geboren 1924 in der rumänischen Stadt Sighet, ist Psychologin und Autorin. Sie überlebte die Konzentrationslager Auschwitz und Bergen-Belsen und emigrierte 1945 nach Schweden. Für ihre Bücher und ihr Engagement wurde sie mit zahlreichen Ehrungen bedacht, u. a. dem Raoul-Wallenberg-Preis, der Illis Quorum-Medaille, dem Orden Stern von Rumänien und dem Verdienstkreuz Erster Klasse der Bundesrepublik Deutschland.

Hédi Fried

FRAGEN, DIE MIR ZUM HOLOCAUST GESTELLT WERDEN

Aus dem Schwedischen
von Susanne Dahmann

DUMONT

FSC
www.fsc.org
MIX
Papier aus ver-
antwortungsvollen
Quellen
FSC® C014496

September 2020
DuMont Buchverlag, Köln
Alle Rechte vorbehalten
© Copyright Hédi Fried, 2017
Published by arrangement with Partners in Stories
Stockholm AB, Sweden.
Die schwedische Originalausgabe erschien 2017 unter dem Titel
›Frågor jag fått om Förintelsen‹ bei Natur & Kultur, Stockholm.
© 2019 für die deutsche Ausgabe: DuMont Buchverlag, Köln
Übersetzung: Susanne Dahmann
Lektorat: Jochen Veit
Umschlaggestaltung: Lübbeke Naumann Thoben, Köln
Satz: Fagott, Ffm
Gesetzt aus der Caslon
Druck und Verarbeitung: GGP Media GmbH, Pößneck
Gedruckt auf säurefreiem und chlorfrei gebleichtem Papier
Printed in Germany
ISBN 978-3-8321-6560-4

www.dumont-buchverlag.de

Wenn die Trauer kommt, so wie wenn Nacht fällt
im wilden Wald, den ein Mann durchirrt,
wer glaubt da ans Licht, das die Ferne erhellt,
und an den Schein, der flackert und flirrt?
Zum Scherz schimmert's, zum Scherz es flieht,
wer will Licht erkennen, wenn ein Irrlicht er sieht?

Gustaf Fröding, *Trost*

Vorwort

Viele Jahre sind vergangen, seit ich meine Autobiografie *Fragmente meines Lebens. Ein Leben bis Auschwitz und ein Leben danach* und meine anderen Bücher geschrieben habe. Seither habe ich in Schulen, Volkshochschulen und Universitäten Vorträge gehalten – immer in der festen Überzeugung, dass die jungen Menschen die Erinnerung an den Holocaust weitertragen müssen, wenn wir nicht wollen, dass er sich wiederholt. Das, was damals geschehen ist, kann leider wieder geschehen, wenn auch vielleicht nicht auf dieselbe Weise. Um zu verhindern, dass der Holocaust sich wiederholt, ist es wichtig, sich zu erinnern; das Vergangene prägt die Gegenwart und wirft seinen Schatten auf die Zukunft.

Anfang September 1940 fiel das nördliche Siebenbürgen wieder Ungarn zu. Zu dieser Zeit war unser Leben noch nicht direkt bedroht, obwohl die Judenverfolgung begonnen hatte. Zunächst hörten wir von den Judenverfolgungen in Rumänien. Man sagte, dass die Juden aus dem Osten Rumäniens mit dem Zug nach Transnistrien geschickt und ermordet würden. Da war ich froh, dass wir nicht mehr unter rumänischer Herrschaft standen, und an unsere schlechteren Lebensumstände unter den Ungarn hatten wir uns gewöhnt. Ich sehe mich noch dasitzen und Wollsocken für die armen Seelen stricken, die in die Züge steigen mussten und keine warmen Kleider mitnehmen durften. Dann kam der März 1944, der Einmarsch der Deutschen, und nun hatte ich allen Grund zu bedauern, dass wir nicht länger zu Rumänien gehörten. Die Rumänen lieferten keine Juden aus Südsiebenbürgen an die Deutschen aus.

Auch wenn ich in ein Konzentrationslager deportiert wurde, gehörte ich am Ende zu denen, die »Glück« hatten. Und das viele Male. Etwa bei der Ankunft in Auschwitz, wo meine Schwester und ich die Selektion überlebten. Die Zufälle, die mir das Leben retteten, häuften sich während meines Jahres in Gefangenschaft. Danach hatte ich großes »Glück«, dass ich nicht in eines der schlimmsten Arbeitslager kam.

Denn nach Auschwitz wurde ich in drei verschiedene Arbeitslager geschickt, wo wir meist den Schutt zwischen den Ruinen aufräumen mussten. In anderen Lagern mussten viele Gefangene in Schichtarbeit in unterirdischen Fabriken, Gruben oder Steinbrüchen arbeiten. Ich war mehrmals in Situationen, in denen ich überzeugt war, meine letzte Stunde sei gekommen, doch dann geschah etwas, und ich überlebte.

Im Lager wusste man nie, ob eine Veränderung Leben oder Tod bedeutete. Aber manchmal weiß man das im heutigen Leben auch nicht. Wir leben ein ruhiges Leben, die Tage fließen dahin, wir spüren nichts; die Veränderung geschieht Schritt für Schritt, bis sich plötzlich eine neue Situation ergibt und wir uns fragen: Wie konnte das passieren? Das Leben lehrt uns, dass im nächsten Moment alles anders sein kann, und man weiß vorher nie, ob es eine Veränderung zum Besseren oder zum Schlechteren sein wird.

Meine Vorträge in Schulen bestanden immer aus drei Teilen, wobei der Schwerpunkt auf dem dritten Teil lag. Ich begann stets mit dem Versuch, die Menschen von damals und ihre Lebensumstände zu schildern, die dazu beitrugen, dass der Holocaust geschehen konnte. Dann berichtete ich davon, was mir selbst geschehen ist; am Ende gab es reichlich Zeit für Fragen.

Es gibt keine dummen Fragen und auch keine verbotenen, das habe ich immer betont, aber auf manche Fragen gibt es keine Antwort. So gibt es keine Antwort auf die Frage »Warum ist der Holocaust geschehen?«. Das wiederum verleiht den Fragen, die um diese Frage herumkreisen, umso mehr Gewicht.

Ich habe in diesem Buch die häufigsten Fragen gesammelt, die mir gestellt werden, um all denjenigen

Auskunft zu geben, die mehr über den Holocaust erfahren möchten. Es ist meine Hoffnung, dass die jungen Menschen von heute wie von morgen dieses Buch lesen werden und dass es ihnen nützen wird.

Der Sinn dieses Buches ist, uns zu lehren, die Fehler der Geschichte zu vermeiden. Ich hoffe, es hat das Potenzial, jeden Leser erkennen zu lassen, dass weder die Rolle des Täters noch die des passiven Zuschauers uns vorherbestimmt ist. Wir als Individuen haben einen eigenen Willen und eine Verantwortung, und nur indem wir diese Verantwortung übernehmen, können wir vermeiden, dass die Geschichte sich wiederholt.

Hédi Fried, Dezember 2016,
überarbeitet im Juli 2018

Was war das Schlimmste, das Sie erlebt haben?

Wenn du nach dem Schlimmsten fragst, das ich je erlebt habe, dann kann ich mit einem einzigen Satz antworten: Der Augenblick, in dem ich von meinen Eltern getrennt wurde.

Aber ich will eine längere Antwort geben; ich werde von dem Weg erzählen, der dorthin führte. Der deutsche Plan zur Ermordung der Juden wurde zunächst sehr langsam umgesetzt und war dabei präzise kalkuliert. Genau wie man mit dem bloßen Auge die Entwicklung einer Blume von der Knospe bis zur vollen Blüte nicht erkennen kann, so bemerkte man auch die einzelnen kleinen Schritte nicht, die schließlich zur vollständigen Ausführung des Plans führten – bis hin zu dem, was man sich in seinen schlimmsten Träumen nicht hätte vorstellen können. Anfangs gab es eine kleine Veränderung zum Schlechten, doch man konnte damit leben. Das wird vorübergehen, dachten wir. Es ging nicht vorüber, stattdessen kam eine weitere Veränderung. Wieder reagierten wir, indem wir hofften, dass es bald vorübergehen würde. Wir wussten nie, was die nächste Veränderung bringen und wann sie eintreten würde.

Trotz allem, was ich durchgemacht habe, hatte ich »Glück«. Das Schlimmste, was einem Menschen passieren kann, ist mir nicht passiert. Ich geriet erst in der letzten Phase des Krieges in die Hände der Deutschen, im Frühjahr 1944, als die Mehrheit der europäischen Juden bereits in Gefangenschaft oder ermordet worden war.

Ich bin in Sighet geboren, einer kleinen Stadt in Rumänien, im nördlichen Teil Siebenbürgens – einer Region, um die Ungarn und Rumänen viele Jahrhunderte lang gekämpft haben. Noch heute gibt es zwischen den beiden Staaten Spannungen wegen des Gebiets. Vor dem Ersten Weltkrieg war die Region Teil der ungarischen Hälfte der österreichisch-ungarischen Monarchie. Nach dem Frieden von Trianon 1920 ging sie an Rumänien, und als der Zweite Weltkrieg ausbrach, übte Deutschland Druck aus, dass die Region wieder unter ungarische Herrschaft gestellt werden sollte. Im September 1940 rückten die Ungarn in Nordsiebenbürgen ein, und damit war unser Schicksal besiegelt.

Ein Teil der antisemitischen Gesetze Ungarns trat sofort in Kraft, mit der Folge, dass sich die wirtschaftliche Situation der Juden zusehends verschlechterte. Juden im Staatsdienst wurden entlassen. Jüdische Ärzte und Anwälte durften nur noch Juden behandeln und beraten. Nichtjuden durften nicht in jüdischen Geschäften einkaufen. Jüdische Kinder durften nicht länger die Schule besuchen, vom Universitätsbesuch waren sie ausgeschlossen. Es war schlimm, aber nicht lebensbedrohlich. Und man gewöhnt sich an alles.

Eine der Lehren aus dem Holocaust lautet: Gewöhne dich nie an Ungerechtigkeiten. Eine Ungerechtigkeit ist wie ein Sandkorn in der Hand, man spürt ihr Gewicht nicht. Doch Ungerechtigkeiten neigen dazu, sich zu vermehren, es werden mehr und mehr, und bald werden sie so schwer, dass du sie nicht länger tragen kannst. Und nach einiger Zeit wird trotzdem die nächste Ungerechtigkeit kommen.

Wir lebten so, wie es uns die Umstände eben erlaubten, und wenn wir daran dachten, was in Deutschland und im Rest der Welt geschah, gaben wir uns damit zufrieden, dass wir nicht in unmittelbarer Lebensgefahr schwebten.

Doch Hitler fiel es schwer zu akzeptieren, dass die 800 000 Juden in Ungarn immer noch in einigermaßen normalen Verhältnissen lebten, und er verlangte ihre Auslieferung. Der ungarische Staatschef Miklós Horthy weigerte sich zunächst und nahm aufgrund der militärischen Lage Kontakt mit den Alliierten auf. Daher überschritten am 19. März 1944 deutsche Divisionen die ungarische Grenze. Nach einer von den Deutschen kontrollierten Marionettenregierung wurde am Ende der Anführer der nationalsozialistischen Pfeilkreuzler, Ferenc Szálasi, als Ministerpräsident eingesetzt. Dieser wollte die Juden auch loswerden und kooperierte bereitwillig mit den Deutschen.

Von diesem Tag an ging alles in atemberaubendem Tempo vonstatten. Den Juden wurde augenblicklich befohlen, einen gelben Stern anzufertigen und ihn aufgenäht auf allen Kleidern zu tragen, die sie in der Öffentlichkeit trugen. Juden durften sich nicht auf der Straße blicken lassen, außer wenn sie dringende Angelegenheiten zu erledigen hatten; sie durften nicht stehen bleiben und miteinander reden, nicht ins Kino oder in Restaurants gehen und sich nicht in den Parks aufhalten. Dem konnte man nur Folge leisten, denn Ungehorsam wurde mit dem Tod bestraft. Das war ein nächster Schritt, und alle hofften, dass keiner mehr folgen würde. Doch es folgten weitere.

Knapp vier Wochen später wurde mitgeteilt, dass bereits am folgenden Tag der Umzug der Juden beginnen würde. Alle Juden sollten, Straße für Straße, in das neu eingerichtete Ghetto im Norden der Stadt umziehen. Unsere Straße war die erste. Man durfte mitnehmen, was man tragen konnte, Schubkarren waren erlaubt.

14

Als wir zu packen begannen, lief ich durch das Haus und nahm Abschied von den Dingen, die zurückzulassen mir schwerfiel. Erst versteckte ich meine alten Tagebücher hinter den Dachbalken, dann spielte ich ein letztes Mal auf dem Klavier, und als ich den Deckel zuklappte, strich ich noch einmal zärtlich darüber. Meine Augen wanderten über die Bücher im Regal, ich streichelte meine gedruckten Freunde und ging auf den Hof hinaus, um unseren treuen Hofhund Bodri zu umarmen. Ich versuchte ihn und mich selbst zu beruhigen, indem ich daran dachte, dass der Nachbar sicherlich nicht vergessen würde, sich um ihn zu kümmern. Drinnen im Haus blieb ich vor den Fotografien meiner Großeltern stehen und bat sie, auf das Haus aufzupassen, während wir weg waren.

Ich war davon überzeugt, dass es sich nur um eine Frage der Zeit handelte, bis wir zurückkommen würden. Der Krieg verlief nicht mehr so günstig für die Deutschen; anders als sie gedacht hatten, bissen sie sich an Russland die Zähne aus. Bald werden die Deutschen den Krieg verloren haben, Rumänien bekommt alle seine Gebiete zurück, alles wird so sein wie immer, und ich kann wieder zur Universität gehen – das glaubte ich in meiner Naivität.

Am nächsten Morgen erwachte ich in der Wirklichkeit. Die Gendarmen von der Ortspolizei kamen. Papa schloss ab, steckte den Schlüssel in die Tasche, und wir wurden zum Ghetto gebracht. Jetzt begann eine noch schwerere Zeit. Doch wieder einmal blieb einem nichts anderes übrig, als sich daran zu gewöhnen. Und die Hoffnung auf ein baldiges Kriegsende blieb bestehen.

Es dauerte knapp vier Wochen, bis wir, nur zwei Monate nach dem Einmarsch der Deutschen, den Ortstrommler an der Straßenecke schlagen und rufen hörten: »Achtung, Achtung! Die Juden werden aus dem Ghetto gebracht. Sie sollen zwanzig Kilo pro Person packen und sich morgen früh vor ihrer Tür zum *Abtransport* bereit einfinden.« Wohin? Das wusste niemand. Mutter war verzweifelt. »Sie werden uns töten«, sagte sie weinend. Ich wollte ihre Schwarzseherei nicht akzeptieren und antwortete: »Nein, warum sollten sie? Wir haben doch nichts getan. Du wirst sehen, sie schicken uns ins Kernland Ungarns, wo wir auf dem Feld arbeiten sollen. Die Männer sind an der Front, sie brauchen Arbeitskräfte zur Frühjahrsaussaat.«

Und Mutter ließ sich trösten.

Was nimmt man mit, wenn einem nur zwanzig Kilo erlaubt sind? Mama packte hauptsächlich Lebensmittel ein, die lange haltbar waren. Wir zogen mehrere Lagen Kleider übereinander und feste Schuhe an. Ich selbst packte einen kleinen Rucksack mit Unterwäsche, meinem Tagebuch und einem Gedichtband meines Lieblingsdichters Attila József. Wir konnten nicht ahnen, dass selbst dies, unser letzter Besitz, uns genommen werden würde.

Am nächsten Morgen standen wir mit unserem Gepäck vor der Tür. Wir wurden in Fünferreihen aufgestellt und mussten durch die Straßen der Stadt hinaus zum Bahnhof marschieren, wo Viehwaggons warteten.

»Für acht Pferde« stand auf dem Waggon, und dorthinein wurden wir zu je hundert gepfercht. Es war eng, und es war dunkel. Nur eine kleine Luke ließ etwas Licht und Luft hinein. Wir drängten uns, so dicht wir konnten, trotzdem gab es nicht für alle einen Sitzplatz. Zwei Eimer für Notdurft und zwei Eimer mit Wasser wurden hineingestellt, die Schiebetüren zugezogen und abgeschlossen, und dann setzte sich der Zug in Bewegung. Die Reise, unter den widrigsten Umständen, dauerte drei Tage und drei Nächte. Der Zug fuhr und stand abwechselnd, während Gestank und Durst unerträglich wurden. Vergeblich baten wir um Hilfe, es geschah nichts bis zu der Nacht vom 17. auf den 18. Mai. Da kamen wir in Auschwitz an.

Warum hasste Hitler die Juden?

Ich erinnere mich an einen Witz mit Galgenhumor, der während des Krieges erzählt wurde. Jakob fragt Daniel: »Wer hat den Krieg angefangen?«, und Daniel antwortet: »Die Juden und die Fahrradfahrer.« – »Warum die Fahrradfahrer?«, fragt Jakob. »Warum die Juden?«, erwidert Daniel.

Im Laufe meiner Jugend wurde mir allmählich die Welt außerhalb meines kleinen Zimmers bewusst, die große Welt. Dass andere Kinder in anderen Verhältnissen lebten, dass nicht alle dieselbe Sprache sprachen, dass nicht alle so wie ich in die Synagoge gingen. Je größer ich wurde, desto mehr verstand ich von den Gesprächen der Eltern, und ich bekam Angst. Was geschah? Die Eltern sprachen über Politik, über anstehende Wahlen und die Auswirkungen auf uns Juden, wenn die antisemitische Bauernpartei gewinnen würde. Noch waren die Liberalen an der Macht, und ich war mächtig stolz darauf, dass Papas ältester Bruder im Parlament saß. Gleichzeitig musste ich Diskussionen über Deutschland mit anhören, das weit entfernte Land, in dem eine Partei, welche die Juden verfolgte, an der Macht war. »Warum?«, fragte ich.

Da erzählte mir mein Vater von der langen Geschichte des Antisemitismus. Er erzählte, dass in früheren Zeiten alle Menschen glaubten, verschiedene Götter würden die Welt lenken. So auch ein kleiner Stamm in Ur, in Mesopotamien, der von Terach geführt wurde. Sein Sohn Abraham zweifelte daran, dass ein paar leblose Lehmklumpen die Geschicke der Welt lenken könnten, und kam zu der Überzeugung, dass es eine unsichtbare höhere Macht geben müsse.

Damit war eine neue Religion geboren worden, eine monotheistische, im Glauben an einen einzigen Gott, und Abraham wurde ihr Stammvater. Und die Religion erhielt den Namen »Judentum«, und sie verbreitete sich. Doch den Nachbarvölkern fiel es schwer, sie zu akzeptieren.

Nach der Geburt Christi begann sich eine neue Variante des Monotheismus auszubreiten: das Christentum. Jesus selbst war Jude, Rabbi in einer der jüdischen Gruppierungen. Bald folgten immer mehr der Lehre Jesu, und seine Apostel gingen in die Welt hinaus, um Heiden zu missionieren. Die christlichen Propheten versuchten auch, die Juden dazu zu bringen, das Christentum anzunehmen, doch als die sich hartnäckig weigerten, wurden sie beschuldigt, Christus ermordet zu haben. Deswegen nahmen die Judenverfolgungen immer aggressivere Formen an.

Verschiedene haltlose Beschuldigungen verbreiteten sich und bewirkten, dass im Laufe der Jahrhunderte die unrechtmäßige Verfolgung von Juden alltäglich wurde. Vor allem zwei Behauptungen haben bis heute überlebt, obwohl ihre Falschheit wieder und wieder bewiesen wurde.

Zum einen wurde immer wieder behauptet, Juden würden kleine Kinder ermorden, um ihr Blut für das Mazzenbacken während des Pessachfests zu verwenden. Dieses Gerücht verbreitete sich im Mittelalter mit verheerenden Folgen.

Eines kalten Tages im Frühjahr verschwand ein kleiner christlicher Junge in einem Dorf in Osteuropa, und der jüdische Bäcker des Dorfes wurde beschuldigt, das Kind geschlachtet und sein Blut für die Mazzenbäckerei benutzt zu haben. Falsche Zeugen behaupteten, es mit eigenen Augen gesehen zu haben. Das genügte den Dorfbewohnern, um sich mit Knüppeln zu bewaffnen und ein Pogrom mit dem Ziel, sämtliche Juden zu ermorden, zu beginnen.

Als später das Eis taute, trieb die Leiche des Kindes an die Wasseroberfläche, doch das half nichts. Bald sollte das nächste Dorf mit denselben Beschuldigungen kommen, wenn ein Kind durch das Eis gebrochen war.

Das letzte Gerichtsverfahren in einer solchen Sache wurde 1882 in Ungarn abgehalten.

Die andere haltlose Beschuldigung kam in Form eines Pamphlets aus verschiedenen Lügen auf, das seinen Ursprung im zaristischen Russland hatte: *Die Protokolle der Weisen von Zion*. Dieser Text ist ein Hirngespinst von jemandem, der glaubte, die Juden wollten alle Führungspositionen in der ganzen Welt einnehmen. Auf einem Treffen Ende des 19. Jahrhunderts hätten sie angeblich einen detaillierten Plan gezeichnet, wie sie sich die ganze Welt unterwerfen könnten. Für Hitler war dieses paranoide Ammenmärchen blutiger Ernst; es schürte seine Angst vor den Juden, und diese Angst wiederum äußerte sich in aggressivem Hass und dem Willen, jeden Einzelnen von ihnen zu ermorden.

Hitlers Hass gegen die Juden war so stark, dass man meinen könnte, er hätte nicht gegen die Alliierten Krieg geführt, sondern gegen die Juden. Als es kaum mehr Züge für den Transport von Soldaten an die Front gab, mobilisierte er immer noch Waggons für die Deportation von Juden nach Auschwitz.

Das Paradoxe war, dass der Großteil der deutschen Bevölkerung im Grunde genommen nicht antisemitisch war. Also musste man einen Antisemitismus erzeugen, und Goebbels, der Propagandaminister, war in dieser Hinsicht sehr erfinderisch. Film, Kunst, Literatur, Unterricht – alles wurde von antisemitischen Lehren durchsetzt. Vorurteile wurden zementiert, und jedem heranwachsenden Deutschen wurde beigebracht, dass Juden keine Menschen seien und dass sie ausgemerzt werden müssten. Juden seien Schädlinge, die ausgerottet gehörten, Juden seien ein Krebsgeschwür auf dem reinen Leib des Reiches, und dieses Geschwür müsse herausgeschnitten werden.

Eine einfache Antwort auf die Frage: Hitler hasste die Juden, weil sie Juden waren.

Wie war Ihr Leben vor dem Krieg?

Das Leben in der verschlafenen Kleinstadt Sighet war ziemlich beschaulich. Die cirka 30 000 Einwohner der Stadt setzten sich aus unzähligen Minderheiten zusammen, von denen die Juden die größte Gruppe darstellten. Ich erinnere mich an einige Ereignisse, die vielleicht illustrieren können, wie das Leben damals war.

Ich war gerade in den Kindergarten gekommen und fühlte mich groß, und deshalb bestand ich darauf, dass mich niemand mehr abholen sollte; ich würde ganz allein nach Hause gehen. Meine Mutter wollte nicht darauf eingehen, doch schließlich siegte meine Sturheit. Es war zwölf Uhr, und im Eingang des Kindergartens stand die Traube kleiner Kinder auf dem Weg nach Hause, mit mir in ihrer Mitte. Einige mussten nach rechts, einige nach links. Ich war in ein Gespräch mit einer etwas älteren Freundin vertieft und dachte nicht darüber nach, welchen Weg ich nehmen musste, um nach Hause zu kommen. Ohne mich umzusehen, folgte ich der Gruppe nach links, zu der meine Freundin gehörte.

Je länger wir gingen, umso mehr Kinder bogen ab, bis nur noch die Freundin und ich da waren. Wir plapperten noch fröhlich, doch schon bald gefroren mir die Worte auf den Lippen, da auch sie an einer Tür stehen blieb. Ich war vollkommen allein. Erst jetzt sah ich mich um und erkannte nichts wieder. Ich bekam Angst, weil mir klar wurde, dass ich mich verlaufen hatte. Ich begann zu weinen.

Eine Frau lehnte sich aus einem Fenster und fragte, was denn los sei. Ich antwortete, dass ich nicht nach Hause finden würde. »Wie heißt du?«, fragte sie. »Hédike«, antwortete ich.

»Zu wem gehörst du?«

»Zu Papa.«

»Wo wohnst du?«

»Hinter einer roten Tür.«

»Weine nicht, Hédike«, fuhr die Frau fort, »ich bringe dich nach Hause.« Die Stadt war so klein, dass sie mich erkannte, weil ich meinem Vater ähnelte.

Die meisten in Sighet kannten einander, selbst wenn sie nichts direkt miteinander zu tun hatten. In den verschiedenen sozialen Gruppen, die sich stärker durch Klassenzugehörigkeit als durch Ethnie definierten, lief das Leben ziemlich ähnlich ab. Es gab sehr arme Leute und es gab Leute, die ein bisschen reicher waren als die ganz armen. Zu dieser Gruppe gehörte auch un-

sere Familie. Alle in dieser Schicht hatten Haushalts-
hilfen.

Anna, unser Hausmädchen, stand bereits um sechs
Uhr morgens auf. Sie zündete das Feuer im Kamin an,
damit wir nicht in einem eiskalten Zimmer aufstehen
mussten. Anna musste mit uns Kindern kämpfen, damit wir aufstanden, denn wir froren und wollten nicht
aus dem Bett steigen. Dann zog sie uns an, machte uns
Frühstück und schickte uns in die Schule. Erst danach
standen Vater und Mutter auf. Nach dem Frühstück
ging Vater zur Arbeit und Mutter zum Markt, um ein-
zukaufen.

Wann wurde Ihnen klar, dass Ihre Familie in Gefahr war?

Ich erinnere mich nicht daran, wann genau mir bewusst wurde, dass meine Familie in Gefahr war. Was ich als Erstes erkannte, war eher die Gefahr, die allen Juden drohte, nicht nur unserer Familie. Der Gedanke musste lange gewachsen sein, ehe er mir als junges Mädchen ins Bewusstsein trat.

Es begann, als ich 14 Jahre alt und in einen Mann verliebt war, der bei der Post arbeitete. Die Kriegsgefahr lag in der Luft, und die Schule sollte Jugendliche ausbilden, damit sie im Falle eines Krieges aushelfen konnten. Wir mussten uns einen Bereich aussuchen, in dem wir ausgebildet und dann eingesetzt werden konnten. Einige gingen ins Krankenhaus, um Pflege zu lernen, andere zur Polizei, und ich wollte zur Post.

Wir waren sechs Schüler, die von unserer Zeichenlehrerin angeführt zur Post gingen. Ich freute mich und war aufgeregt. Zum einen würde ich meinen Angebeteten treffen, und zum anderen würde ich morsen lernen, und das wollte ich unbedingt. Wir wurden vom

Chef des Postamtes empfangen, der uns sehr feierlich willkommen hieß und die unsichere politische Lage sowie die wichtige Aufgabe der Post in diesem Zusammenhang erklärte. Alles, was hier geschehe, stehe unter dem Siegel der Geheimhaltung … Hier unterbrach er sich abrupt, schaute sich um und sagte: »Ich nehme mal an, dass alle hier Rumänen sind?« Die Lehrerin sah mich an und sagte zögernd: »Nein, nicht alle.« Da legte der Chef die Papiere nieder, die er in der Hand hielt, und sagte: »In dem Fall können wir nicht weitermachen.« Wir mussten nach Hause gehen.

Ich kam laut heulend zu Hause an, und als meine Mutter mich sah, dachte sie, etwas Furchtbares sei mir zugestoßen. »Was ist denn passiert?«, fragte sie wieder und wieder. Ich schluchzte nur. Schließlich brachte ich es heraus, und wütend und gedemütigt, wie ich war, verlangte ich von meiner Mutter, mir zu versprechen, dass wir das Land verlassen würden. Ich konnte nicht länger in einem Land leben, wo man auf mich herabsah, mich als Mitbürgerin zweiter Klasse betrachtete. Irgendwann kam auch Papa zum Mittagessen nach Hause, und beide waren vollauf beschäftigt, mich zu trösten und auf andere Gedanken zu bringen. Sie versuchten mir zu erklären, dass wir nirgends anders hinkönnten, dass es in allen Ländern der Welt Antisemitismus gebe und dass wir, solange wir kein eigenes Land hätten, keine andere Wahl hätten und uns daran gewöhnen müssten. Ich will mich nicht gewöhnen, dachte ich, ich werde das nicht akzeptieren. Doch allmählich beruhigte ich mich. Aber es war wohl mein erstes Erwachen.

Im Laufe der Zeit rückte die Gefahr immer näher. Juden waren in Gefahr und damit auch meine Familie. Ich erinnere mich an keine bewusste Angst. Es war mehr ein unerklärlicher, dumpfer, mahlender Druck auf der Brust, manchmal intensiver, manchmal schwächer, aber doch etwas, das nie aufhörte. Der Mensch will niemals glauben, dass ihm das Schreckliche zustoßen kann. Ich wollte auch dem SS-Mann glauben, der zu meinem Vater sagte, all das Gerede über die Judenverfolgung sei nur ein Gerücht, die Deutschen seien schließlich zivilisierte Menschen.

Manchmal denke ich an das, was Mutter gesagt hatte, dass man sich daran gewöhnen müsse und wie leicht das gehe.

Ich will mich nicht gewöhnen, sagte ich damals, doch wenn ich zurückblicke, dann war es doch genau das, was ich tat. Sein Lebenswille ist so stark, dass der Mensch nicht aufgibt, ehe er das Messer an der Kehle spürt. Und bis dahin ist er vielleicht so apathisch geworden, dass er nur denkt: Auch das ist egal, wenn es nur schnell geht. So dachte ich, als ich bei der Ankunft in Auschwitz von einem Mitgefangenen hörte, dass wir in ein Vernichtungslager gekommen seien. Es wartete also der Tod? Lass es schnell gehen. Als ich dann von meiner Mutter getrennt wurde, kroch ein Gefühl der Erleichterung in mich hinein; ich begriff, dass die Jungen verschont blieben. Doch gleichzeitig überschwemmte mich die heftige Trauer. »Mutter, was geschieht nun mit meiner Mutter?« Und den Gedanken wage ich bis heute nicht zu Ende zu denken.

Reaktionen auf Ungerechtigkeiten müssen erfolgen, wenn alles gerade anfängt. Sie hätten in Deutschland Anfang der Dreißigerjahre erfolgen müssen. Nur wenige Jahre danach war es schon zu spät.

Wie konnte sich ein ganzes Volk hinter Hitler stellen?

Die Wurzeln des Rassismus, der den Holocaust ermöglicht hat, reichen in der Zeit weit zurück. Dabei geht es um das Zusammenhalten der eigenen Gruppe, um Habgier und Angst. Diese Gefühle nutzte Hitler aus, um Mitglieder für seine Partei zu gewinnen.

Hitlers Reden riefen zum Zusammenhalt der »überlegenen deutschen Rasse« auf, zur Wiedereroberung des verlorenen Landes und warnten vor dem »Weltjudentum«, was sowohl den Kapitalismus als auch den Kommunismus umfasse. Dazu kam, dass die Menschen unzufrieden waren in Deutschland zu jener Zeit, mit als schwach empfundenen Politikern und hoher Arbeitslosigkeit. Hitler nutzte das Gefühl der Deutschen, am Ende des Ersten Weltkriegs verraten worden zu sein: Diese Schande für das Vaterland und das Leid des Volkes verlangten Wiedergutmachung. Er rief zur nationalen Einheit auf und versprach Brot und Arbeit.

Zu Beginn der Dreißigerjahre hatte der Nationalsozialismus noch nicht so viele Anhänger. Durch das

Hitler eigene Charisma und seine Rhetorik schlossen sich ihm aber immer mehr an. Das waren Menschen aus allen Gesellschaftsklassen: Industrielle und Unternehmer, die meinten, von seiner Politik profitieren zu können, Militärs, denen seine rassistischen Ideen gefielen, einfache Menschen, die der Armut überdrüssig waren, und Frauen, die seinem Charme verfielen.

Hitler übte eine hypnotische Kraft auf die Frauen aus, und diese wurden zu seinen treuesten Wählerinnen. Heute kommt uns das seltsam vor, wo doch seiner Meinung nach Frauen ihr Leben ihrem Mann, ihren Kindern und ihrem Heim zu widmen hatten.

Hitler hatte geschickte Leute, die ihm halfen. Sie setzten auf die Jugend und entwickelten eine effiziente Propaganda in Film, Literatur und Kunst. Juden wurden karikiert und mit Ungeziefer und Schädlingen gleichgesetzt. Die antisemitische Propaganda richtete sich an alle Altersklassen; sie begann mit den Kleinkindern, ging dann weiter mit Schulbüchern und mündete schließlich in Erwachsenenliteratur und Film. Leni Riefenstahls Film *Triumph des Willens* ist bis heute ein Prototyp für effektive Propaganda.

In den Schulbüchern jeder Fachrichtung gab es Propaganda. Das folgende Mathematikproblem aus einem Lehrbuch für Gymnasien aus dem Jahre 1935 ist nur ein Beispiel: »Wie viele staatliche Kredite könnte man frisch verheirateten Paaren von dem Geld geben, das es den Staat kostet, Behinderte, Kriminelle und Irre zu versorgen?«

Große Bedeutung wurde der körperlichen Ertüchtigung der Jugend beigemessen. Kinder und Jugendliche sollten physisch und psychisch abgehärtet werden. Sie wurden in der Hitlerjugend organisiert, wo Zeltlager und Kameradschaftsgeist sie zu Hitlers treusten Lakaien machten. Die Mädchen hatten auch ihre Organisation, den Bund Deutscher Mädel, wo sie zu Musterbürgerinnen erzogen werden sollten und zu Müttern, die viele Kinder gebären.

Trotz der wachsenden Zustimmung für Hitler war die breite Bevölkerung nicht antisemitisch. Es waren nur wenige, die sich von der antisemitischen Propaganda locken ließen. Einige schlossen sich der Partei an, weil sie etwas Neues ausprobieren wollten, andere aus Gruppenzwang.

Ein Mann, damals ein junger Jurastudent, erzählte, wie seine beiden guten Freunde und Kommilitonen, die anfänglich Hitler völlig ablehnend gegenübergestanden hätten, sich langsam verändert hätten. Der eine habe seine Kehrtwende damit begründet, dass keine der anderen Parteien eine Lösung für die schlechte politische und wirtschaftliche Lage zu bieten habe und es an der Zeit sei, etwas Neues auszuprobieren. Der andere sei zunehmend von der stetig steigenden Anzahl an Parteimitgliedern beeinflusst worden und habe schließlich gedacht, dass die Mehrheit sich nicht täuschen kann. Der einstige Student, der Mann, der mir die Geschichte erzählte, ließ sich niemals beeinflussen. Er zog ins Ausland. Mit der Zeit vertraten immer weniger eine andere Meinung.

Warum haben Sie keinen Widerstand geleistet?

Aktiver Widerstand im Jahr 1944 wäre Selbstmord gewesen. Man hätte ihn bereits leisten müssen, ehe die Nazis an die Macht kamen. Passiven Widerstand gab es sogar in Sighet. Im Verborgenen wurden kommunistische Zellen organisiert. Alles war sehr geheim, und ich, das jüngste Mitglied, durfte nur an der ideologischen Ausbildung teilnehmen. Ich las Marx und Engels, und schon bald war ich überzeugte Kommunistin, die vorm Schlafengehen anstelle des Abendgebets, das mein Großvater mir beigebracht hatte, die Internationale summte. Wir sahen die einzige Rettung vor dem Nationalsozialismus im Kommunismus, und zahlreiche Jugendliche flohen über die Grenze in die Sowjetunion – einerseits in der Hoffnung, gerettet zu werden, andererseits in dem Wunsch, auf der Seite der Sowjets aktiv die Deutschen bekämpfen zu können.

Nach dem Krieg klingelte es eines Tages gegen Ende der Vierzigerjahre an meiner Tür in Aspudden bei Stockholm. Ich öffnete, und dort standen zwei junge

Männer, die ich nicht wiedererkannte. Sie stellten sich als Moishi Kaufmann und David Stern vor, ehemals Arbeiter in der kleinen Kartonfabrik meines Vaters. An den einen erinnerte ich mich; er gehörte zu jenen, die in die Sowjetunion geflohen waren. Ich hatte immer seinen Mut bewundert, diesen Schritt zu wagen. Auf diese Weise war er dem Holocaust entgangen. Jetzt aber hörte ich eine ganz andere Geschichte.

Eines Abends waren er und sein Freund auf den Solovan hinaufgegangen, einen Ausläufer der Bergkette der Karpaten, und hatten dort einen Bergführer getroffen, der ihnen über die Grenze helfen sollte. Nachdem sie ihm ihre letzten Ersparnisse gegeben hatten, tasteten sie sich durch den dichten, dunklen Wald. Tagsüber versteckten sie sich und schliefen ein paar Stunden, um in der Nacht weiterzuwandern. Nach drei Tagen erreichten sie die Grenze, wo der Fluchthelfer ihnen Anweisungen für die weitere Strecke gab. Von dort aus sollten sie allein weitergehen, einfach weiter, bis sie unten im Tal ankämen, wo die Freiheit warte. Sie liefen und liefen, der Wald nahm kein Ende. Sie irrten herum, es gingen ihnen die Lebensmittel aus, und noch immer hatten sie keine Menschenseele gesehen. Nach ein paar Tagen wurden sie von Grenzern angehalten, die Fragen stellten und sie dann direkt ins Gefängnis brachten. Ihre Erklärung, dass sie Juden seien und überzeugte Kommunisten, die vor den Deutschen flöhen, half nicht. Die Russen hielten sie für deutsche Spione. Ohne weitere Begründung wurden sie in einen Zug gesteckt, in dem sich bereits mehrere Hundert andere Menschen befanden, und nach einer etliche Wochen dauernden Fahrt wurden sie in Workuta abgesetzt, im tiefsten Sibirien.

Viel später, nachdem sie mehrere Jahre lang unter den härtesten Bedingungen, die man sich vorstellen kann, ausgehalten hatten, gelang es ihnen, aus dem Straflager zu fliehen. Schließlich kamen sie nach Finnland, wo sie erfuhren, dass der Krieg bereits vorüber war. Sie machten sich auf den Weg nach Schweden, und jetzt waren sie in Stockholm und warteten darauf, nach Palästina auszureisen.

Eine andere Methode, passiven Widerstand zu leisten, war, sich in den Bergen zu verstecken. Einige wenige aus Sighet versuchten das, doch keinem von ihnen gelang es. Sie wurden von antisemitischen Bauern verraten, die sich auf diese Weise etwas Geld verdienen wollten.

Im Lager waren die meisten von uns zu apathisch, um Widerstand zu leisten. Niemand war imstande zu denken, man befolgte lediglich Befehle. Man klammerte sich ans Leben, egal, wie schwer es war. Erst als die Gefangenen erkannten, dass ihre Lage aussichtslos war, dass am Ende so oder so der Tod stehen würde, leisteten sie aktiven Widerstand.

Die Gefangenen in Sobibor unternahmen einen Ausbruchsversuch aus dem Lager. Er gelang nur zum Teil. Die Gefangenen konnten fliehen, doch die meisten von ihnen wurden auf der Flucht erschossen oder kamen in den angrenzenden Wäldern auf andere Weise um.

Im Warschauer Ghetto sprach sich herum, dass das gesamte Ghetto liquidiert werden sollte und niemand dem Transport in die Gaskammern entgehen würde. Mithilfe der von der polnischen Widerstandsbewegung eingeschmuggelten Waffen konnten sich die Bewohner 28 Tage lang gegen die deutschen Soldaten behaupten. Einigen wenigen gelang die Flucht durch die Abwasserkanäle. Am Ende zündete die SS das ganze Ghetto an und erklärte mit der Sprengung der Synagoge den Aufstand für beendet.

Im Herbst 1944 beschloss das Sonderkommando – die Gefangenen, die in den Krematorien III und IV in Auschwitz arbeiten mussten –, die Gebäude zu sprengen. Den Gefangenen war klar, dass sie in jedem Fall vergast werden würden, denn die Männer im Sonderkommando wurden routinemäßig jedes halbe Jahr ausgewechselt, sie wussten zu viel, um weiterleben zu dürfen. Nun nahmen sie Kontakt zu einigen Frauen auf, die in der nahe gelegenen Munitionsfabrik arbeiteten, und baten sie, Sprengstoff hereinzuschmuggeln. Die Sprengung gelang teilweise, und die Deutschen waren außer sich vor Zorn.

Die Männer wurden vergast und die Frauen vor den Augen aller Lagerinsassen erhängt.

Welche Erinnerungen haben Sie an die Ankunft in Auschwitz?

Es war mitten in der Nacht am 17. Mai 1944. Die Viehwaggons mit ihrer menschlichen Ladung von 3007 ungarischen Juden aus Sighet in Siebenbürgen hielten auf einem Nebengleis, fuhren rückwärts, rollten wieder los, blieben stehen, um bald darauf die ganze Prozedur zu wiederholen – vor und zurück, mehrere Stunden lang, bis sie endgültig vor einem Bahnhofsgebäude anhielten, auf dem »Auschwitz« stand.

Die Türen wurden mit einem Krachen aufgezogen, starkes Scheinwerferlicht blendete uns und ein höllischer Lärm setzte ein. Gebrüll von SS-Soldaten mischte sich mit Hundegebell und Kindergeschrei, man sollte so schnell wie möglich den Waggon verlassen, Männer nach rechts, Frauen nach links. Alles, was wir bei uns hatten, sollten wir zurücklassen. Männer mit Schlagstöcken und in gestreifter Kleidung halfen der SS, die Waggons zu leeren. »Schnell, schnell!«, sagten sie. Familien standen orientierungslos da, wollten einander nicht loslassen. Während Schlagstöcke geschwungen wurden und uns die SS-Soldaten versicherten, dass wir einander wiedersehen und unser Gepäck am nächsten Tag erhalten würden, wurden wir alle auf den Bahnsteig gejagt.

Mein Vater und ich blieben zurück. Wohin waren wir gekommen? Wir sahen keine SS-Soldaten im Waggon, also erdreistete sich Vater, einen der Männer in gestreifter Kleidung, der jüdisch aussah, anzusprechen. Nachdem dieser sich rasch umgeschaut hatte, flüsterte er: »Vernichtungslager.« Da begriff ich, dass Mutter doch gespürt hatte, was kommen würde, als sie sagte: »Sie werden uns töten.«

In einem Durcheinander aus Hundegebell und deutschen Schimpfworten und Flüchen versuchten die verwirrten, jammernden und weinenden Menschen, den Schlägen zu entgehen. Familien verloren einander, ohne Abschied nehmen zu können. Schnell, schnell sollte auch ich mich auf dem Bahnsteig vor meinem Richter aufstellen. Ich sprang vom Waggon herunter und holte tief Luft. Nach drei Tagen in dem engen und stinkenden Waggon war es eine Erleichterung, zu atmen, obwohl in der Luft ein drückender, schwerer, unangenehmer Geruch hing. Die starken Scheinwerfer durchschnitten die Dunkelheit der Nacht mit ihrem grellen Licht. Sie beleuchteten die verzweifelte Menschenmenge, die glänzenden Gleise und die Gewehrmündungen der SS-Soldaten.

Mit mir und meiner Schwester an der Seite folgte meine Mutter der Schlange aus Frauen zu einem Stacheldrahtzaun, wo Doktor Mengele mit einer leichten Bewegung seiner Peitsche unsere Mutter nach rechts schickte und meine Schwester und mich nach links.

Dies war die Nacht, in der ich meine Eltern verlor. Sie wurden zum »Badehaus« gebracht, wo man sie glauben machte, sie würden duschen, doch anstelle von Wasser wurde Zyklon B in die »Duschkabinen« geleitet.

Ich konnte mich nicht von meinem Vater und meiner Mutter verabschieden, sie kein letztes Mal umarmen.

Wie war es, gemeinsam mit Ihrer Schwester im Lager zu sein?

Nachdem wir von unseren Eltern getrennt worden waren, nahmen Livi und ich uns an der Hand und gingen los. Jetzt hatten wir nur noch einander. Unser Vater war uns bereits beim Aussteigen aus dem Waggon weggenommen worden, jetzt die Mutter … Ich wagte nicht, daran zu denken, was mit ihnen geschehen würde. Das Herz wollte mir aus der Brust springen; der einzige Mensch, an dem ich mich nun festhalten konnte, war meine Schwester. Und ich hielt ihre Hand fest, ganz fest. Obwohl ich noch nicht wusste, wie wichtig es werden würde, dass wir uns hatten, waren wir von dem Moment an wie zusammengeklebt. Keine ließ die Hand der anderen los, die eine bewegte sich nicht ohne die andere, wir schliefen direkt nebeneinander.

Das war eine seltsame Entwicklung, muss ich rückblickend sagen. Unsere ganze Kindheit über waren wir wie Hund und Katze gewesen. Die Eifersucht blühte nur so, wir schlugen und kratzten uns, und ich wollte sie nie in meiner Nähe haben. Im Lager packte mich die

Verantwortung, die große Schwester zu sein; ich würde sie, so gut ich nur konnte, verteidigen. Doch es kam mehrfach vor, dass sie diejenige war, die mir half; sie rettete mir sogar das Leben.

In Auschwitz beneideten uns viele, weil wir zusammen waren. Wer ganz allein dort war, verlor leichter den Lebenswillen. Das berichteten uns diejenigen, die schon lange da waren. War man nicht allein, dann half die Verantwortung, die man füreinander empfand, den Lebenswillen zu bewahren.

Im Lager bestimmte der Zufall. Jeder Tag barg Unvorhergesehenes. Man wusste am einen Tag nicht, wo man am nächsten arbeiten würde, und nach einer kurzen Zeit in einem Arbeitskommando konnte man in ein anderes verbracht werden. Die Lagerleitung wollte nicht, dass wir uns an irgendetwas zu sehr gewöhnten. Vielleicht fürchteten sie, dass wir Freundschaften schließen würden, die uns helfen könnten, einen Aufstand zu organisieren oder zu fliehen. Bei diesen Gelegenheiten geschah es leicht, dass Freunde getrennt wurden, und das passierte auch Livi und mir in Auschwitz einmal, als ein Arbeitskommando zusammengestellt wurde. Ich wurde ausgewählt, sie sollte bleiben. Doch gelang es mir allen Schwierigkeiten zum Trotz, mich zu der Baracke zurückzuschleichen, in der sie war. Glücklicherweise wurden wir nie wieder getrennt.

Wie war es, im Lager zu leben?

Konzentrationslager sind keine Erfindung der Nazis, und die Deutschen waren auch nicht die Einzigen, die sie benutzten. Dennoch denken die meisten, wenn sie diese Frage stellen, an Auschwitz. Es gab jedoch einen großen Unterschied zwischen Vernichtungslagern und Arbeitslagern.

Es gab sechs Vernichtungslager mit Gaskammern und Krematorien: Auschwitz, Treblinka, Belzec, Sobibor, Chelmno und Majdanek. Hier nahm das Morden industrielle Formen an, hinein mit einem lebenden Menschen, hinaus mit der Asche. Alle diese Lager befanden sich auf ehemals polnischem Gebiet. Das Ziel dieser Vernichtungslager war es, keinen einzigen Überlebenden zurückzulassen.

Arbeitslager wie Bergen-Belsen und Theresienstadt hatten keine Krematorien, die Gefangenen wurden nicht vergast. Das waren keine Vernichtungslager, doch sie waren ebenso inhuman, die Menschen dort starben zu Tausenden an Hunger, Krankheiten und Misshandlungen.

Bei unserer Ankunft in Auschwitz hatten sie uns alles genommen, was wir besaßen, sogar die Kleider, die wir am Leib trugen. Doch wir hatten immer noch Kraft zum Arbeiten, und diese Kraft sollte ausgenutzt werden. Die Industrie brauchte Arbeitskräfte, da alle Männer an der Front waren, und deshalb wurde über das ganze Reich verstreut eine große Anzahl Arbeitslager eingerichtet. Dort mussten die Gefangenen unmenschliche Arbeit leisten, während sie misshandelt wurden und nur wenig Essen bekamen.

Doch wie gesagt: Die meisten, die diese Frage stellen, wollen wissen, wie es in Auschwitz war.

Kurz gefasst kann man sagen: Es war, als würde man in einer grauen Blase leben. Die Erde war grau vom Staub, die Baracken waren grau, die Gefangenenkleidung war grau, der Himmel war grau von all dem Rauch. Es war ein Leben in der Schwebe. Die Zeit existierte nicht, man wusste nicht, ob man einen Tag, ein Jahr, das ganze Leben lang dort war.

Ich möchte einen Überlebenden zitieren, Yehiel De-Nur, der im Prozess gegen Adolf Eichmann als Zeuge auftrat und sagte: »Auschwitz war ein anderer Planet. Die Zeit verlief in einem anderen Maß als dem, das wir hier auf der Erde anwenden. Dort wurden keine Kinder geboren, und niemand starb einen natürlichen Tod. Eltern hatten keine Kinder, Kinder hatten keine Eltern.«

Einigen Gefangenen blieb das Gas erspart, aber nur, weil man sie an Fabriken verkaufte, in denen sie schuften mussten, bis sie mit ihren Kräften am Ende waren. Es gingen regelmäßig Bestellungen ein, und nach einer Auswahl, die »Selektion« genannt wurde, kamen die Ausgewählten in verschiedene Außenlager, die nahe den Industriestandorten lagen. Die Übriggebliebenen wurden in die Gaskammern geschickt.

Da die Deutschen nicht die Absicht hatten, uns für eine längere Zeit am Leben zu lassen, war das Essen dementsprechend schlecht. Es war so kalkuliert, dass ein Mensch davon drei Monate lang am Leben erhalten werden konnte. Ungefähr 300 Gramm Schwarzbrot, das hauptsächlich aus Sägespänen bestand, musste zusammen mit fünf Gramm Margarine und manchmal einem Löffelchen Marmelade oder einer Scheibe Wurst für den ganzen Tag reichen. Dazu sogenannter Kaffee, eine schwarze Flüssigkeit, die nur einen Vorzug hatte: Sie war heiß.

In Auschwitz bekamen wir morgens »Kaffee« und mitten am Tag einen braunen Matsch, eine Suppe aus Wurzelgemüse, Kartoffelschalen, manchmal mit einem Knochen darin. Im Arbeitslager bekamen wir morgens »Kaffee« und abends noch eine »Suppe«. Einige von uns waren sparsam und teilten das Brot in drei Teile, sodass es für drei »Mahlzeiten« reichte. Andere, zu denen ich selbst gehörte, konnten nicht anders, als alles aufzuessen, sobald es ausgeteilt worden war.

Wir lagen ganze Tage in unseren »Kojen«, den Schlafplätzen, unterbrochen nur von den ständigen Zählappellen, dem Durchzählen der Gefangenen. Dies war eine weitere Methode, uns zu quälen. Bei jedem Wetter wurden wir auf das Gelände vor dem Lager gejagt, in Fünferreihen aufgestellt und gezählt, endlos.

Ein Tag konnte damit beginnen, dass wir mitten in der Nacht von der Blockältesten geweckt wurden – eine der polnischen oder tschechischen Frauen, die für die Ordnung in der Baracke verantwortlich waren –, die hereinstürmte, »Aufstehen!« rief und das Licht einschaltete. Mit groben Worten jagte sie uns dann zum Klo. Es musste schnell gehen, der Zählappell wartete. Während des Appells mussten wir eine oder mehrere Stunden lang in Habachtstellung stehen.

Es wurde gezählt und gezählt, war man krank, musste man trotzdem dastehen, und wenn über Nacht eine gestorben war, nahmen sie ihre Leiche mit raus. Die Blockälteste musste dafür sorgen, dass die Anzahl stimmte, und dann den Bericht an den SS-Mann übergeben. Er wiederum begann die Kontrollzählung, und manchmal war eine weitere Kontrollzählung erforderlich, bis der Lagerkommandant kam. Der nahm den Bericht entgegen, und damit durften wir in unsere Baracken zurückkehren. Zu der Zeit waren wir schon völlig erschöpft, verfroren und hungrig und sehnten uns nur nach dem heißen »Kaffee«, der erst dann ausgeteilt wurde.

Waren Sie die ganze Zeit hungrig?

Wir waren nach dreitägiger Reise ohne Essen und ohne Wasser in Auschwitz angekommen. Die Angst, die mein Herz im eisernen Griff hielt, verhinderte jeden Gedanken an Essen. Ich war ein Automat, der von anderen gelenkt wurde, der genau das tat, was man ihm sagte.

Die Ereignisse folgten Schlag auf Schlag, es ging so schnell, dass ich kaum merkte, wie die Nacht in die Morgendämmerung überging und wir unter einer Dusche standen, deren Tropfen ich gierig aufleckte.

Als wir dann in unsere Baracken gebracht wurden, kam auch bald die Verpflegung, die aus einem Stück Schwarzbrot bestand. Ich war von den Ereignissen der Nacht immer noch so mitgenommen, von der Sorge um meine Eltern, dass ich keinen einzigen Bissen herunterbekam. Ich gab das Brot meiner Schwester, und so machte ich es auch an den folgenden Tagen. Ich begann erst zu essen, als mir klar wurde, dass man nicht das wenige, das sie einem gaben, weggeben durfte, wenn man überleben wollte.

Satt wurde man niemals. Das übel schmeckende Brot war manchmal nicht einmal durchgebacken, sondern nur eine schwarze Masse. Die Kalorien reichten gerade aus, dass man nicht starb, und doch war es auch zu wenig zum Überleben.

Als ich zu essen begann, holte mich auch der Hunger ein. Es fühlte sich an, als hätte ich ein Loch im Magen, und das immer. Das kleine Brotstück konnte es nicht füllen, sondern weckte nur Verlangen nach mehr. Die Tage vergingen, und der Hunger zerrte an den Eingeweiden. Es war ein kollektiver Hunger, wir Mädchen waren ein einziger, fordernder Magen und konnten von nichts anderem reden. Das Einzige, worüber wir diskutierten, waren verschiedene Arten, den Hunger zu betrügen.

Als wir dann in die Arbeitslager kamen, war der Hunger schon wohlbekannt. Es war fast, als hätten wir uns daran gewöhnt, das ständige Hungergefühl war einfach da. Ab und zu revoltierte der Magen und sandte schmerzähnliche Signale, doch dann versuchte ich, Spucke zu kauen und den Magen so zu betrügen. Eine kleine Weile lang konnte man ihn auch überlisten, indem man vom Kochen redete, von Rezepten und Gerichten, bis einem das Wasser im Mund zusammenlief. Der letzte Gedanke, ehe ich am Abend in den Schlaf fiel, drehte sich oft um das kleine Brotstück, das ich am Morgen bekommen würde. Zumindest betäubte das den Hunger für einen Moment.

Wir hielten ständig Ausschau nach Essbarem. Einige von uns arbeiteten in der Küche, mit denen musste man sich anfreunden. Manchmal gelang es ihnen, ein paar Kartoffeln oder ein Stück Brot rauszuschmuggeln und damit eine Freundin glücklich zu machen. Glücklich war man auch, wenn man zur Arbeit auf die Gemüseacker geschickt wurde, wo ich trotz des Risikos, geschlagen zu werden, den ein oder anderen Brokkoli-Strunk stehlen konnte.

Der Hunger war stärker als die Angst vor Bestrafung.

Ein einziges Mal durfte ich mich satt essen.

Unsere Gruppe arbeitete als Aufräumdienst nach der Bombardierung eines Öldepots. Als das Signal zum Mittagessen gegeben wurde und normalerweise unsere dünne Suppe kam, wurden wir stattdessen in eine Kantine geführt. Dort waren Tische gedeckt, und in der Mitte thronte ein großer Brotkorb. Ich wagte nicht einmal daran zu denken, das Brot zu berühren, ehe die Wache es erlaubte. Zu meinem großen Erstaunen durften wir so viel essen, wie wir wollten. Als der Korb leer war, bekamen wir noch einen. Es war schwer zu begreifen, was da geschah; es fühlte sich an, als würde sich Samt um meinen gepeinigten Magen legen – ich aß und aß und aß. Ich war glücklich, mir war gar nicht klar gewesen, dass Brot einen so glücklich machen konnte. Seither empfinde ich eine fast religiöse Wertschätzung für Brot und Kartoffeln. Es gibt für mich keine Mahlzeit ohne Brot.

Das Glück war schnell zu Ende. Jemand musste einen Fehler gemacht haben. Es blieb ein einmaliges Ereignis, und das Sattheitsgefühl des Tages wurde mit noch intensiveren Hungergefühlen an den folgenden Tagen bestraft. Da blieb einem nur, weiter zu schlucken und sich einzureden, man habe keinen Hunger.

Das taten wir, bis wir befreit wurden. Als die britischen Truppen uns hohläugige und ausgemergelte Menschen im Lager von Bergen-Belsen fanden, wollten sie helfen und verteilten ihre fetten Soldatenkonserven. Die meisten von uns stürzten sich darauf; niemand wusste, dass das lebensgefährlich war. Zum Glück wurde ich nicht in Versuchung geführt. Hätte mir jemand eine Konserve angeboten, hätte ich sie wohl aufgegessen. Mein karges Glück war, dass ich stattdessen zufällig auf jemanden traf, der mir zwei rohe Kartoffeln anbot.

Welche Sprachen wurden in Auschwitz gesprochen?

Auschwitz war ein Babel, wo alle europäischen Sprachen zu hören waren. Die bestimmende Sprache war natürlich Deutsch, und wenn man die nicht beherrschte, dann erging es einem schlecht.

Am schlimmsten war es für die Italiener, von denen nur wenige Deutsch sprachen. Die SS akzeptierte nicht, dass manche ihre Sprache nicht verstanden, und betrachtete es als Ungehorsam, wenn Befehle nicht ausgeführt wurden. Ich erinnere mich an eine kleine und dünne Griechin aus Rhodos, die erzählte, wie sie geschlagen worden war, weil sie nicht begriff, was man von ihr verlangte. Diejenigen, welche die Kommandos nicht verstanden, lebten nicht lange, und viele Griechen und Italiener mussten mit ihrem Leben bezahlen.

Die osteuropäischen Juden hatten in dieser Hinsicht einen Vorsprung. Weil sie Jiddisch sprachen, verstanden sie meist, was von ihnen verlangt wurde, und waren auf diese Weise nicht so gefährdet wie die Italiener. Ich selbst beherrschte Jiddisch passiv, weil meine Eltern es immer gesprochen hatten, wenn sie nicht wollten, dass wir Kinder sie verstanden. Außerdem hatte ich in der Schule ein wenig Deutsch gelernt. Das war ein Vorteil für mich.

Im weitläufigen Auschwitz-Birkenau-Lager wurden die Nationalitäten voneinander getrennt, also hatte ich nicht die Möglichkeit, all die verschiedenen Sprachen zu hören. Der einzige Ort, an dem man jemanden aus einer anderen Baracke treffen konnte, war die Toilette. Da versuchte ich, ein paar Worte mit anderen Mädchen zu wechseln.

Neben der Griechin traf ich dort auch Rose, eine kleine Holländerin. Sie sprach Deutsch, doch es fiel mir schwer, sie zu verstehen, sie benutzte das holländische gutturale R. Zum Glück hinderte das die SS-Soldaten nicht daran, ihr Deutsch zu verstehen, und sie erzählte, dass sie zur »Blockowa«, die für die Ordnung in der Baracke verantwortlich war, ernannt worden sei, was Vorteile wie besseres Essen, bessere Kleidung und größere Freiheiten mit sich brachte.

Was half Ihnen, zu überleben?

Viele glauben nicht an den Zufall, aber wenn ich auf die Frage antworten soll, was mir half, zu überleben, dann kann ich nur auf ihn verweisen. Außer dem Zufall konnte nichts helfen. Es gab im Lager keine Logik; man wusste niemals, wo man sein musste beziehungsweise nicht sein durfte, um zu überleben. SS-Männer konnten, einfach nur um sich die Zeit zu vertreiben, auf uns schießen. Eine Freundlichkeit von ihnen konnte den Tod bedeuten. Josef Mengele war bekannt dafür, dass er unter den Kindern, die er später in seinen Experimenten quälte, Bonbons verteilte.

»Wie hast du es nur geschafft, das zu überleben?«, fragen mich viele Schüler. »Ich wäre gestorben.«

Das kann man glauben, doch es ist ja auch gar nicht so leicht zu sterben. Es kann schwer sein zu leben, aber das Leben ist alles, was wir kennen, und wir klammern uns bis zuletzt daran.

An vielen Abenden nach einem harten Arbeitstag dachte ich: Jetzt schaffe ich keinen weiteren Tag. Aber wenn ich aufwachte, war ich wieder das Lamm, das gehorsam dieselben Aufgaben wie am Tag zuvor ausführte – in der Hoffnung, dass sie mich nicht erschießen würden, solange ich gehorchte. Solange noch Leben in uns ist, wollen wir auch weiterleben, egal was geschieht. Viele von uns sind gefoltert worden und haben trotzdem die Hoffnung nicht aufgegeben. Ich hoffe, dass auch ich so jemand gewesen wäre, doch man kann nie wissen, wie man sich in einer bestimmten Situation verhalten hätte.

In Auschwitz dachte ich in meiner Verzweiflung: Keinen weiteren Tag, morgen werfe ich mich in den elektrischen Stacheldraht. Doch dann kam der nächste Gedanke: Das würde bedeuten, den Nazis in die Hände zu spielen, das ist doch genau das, was sie wollen, uns loswerden.

Gegen alle diese düsteren Gedanken half, dass ich meine Schwester bei mir hatte. Wir empfanden Verantwortung füreinander, das schenkte Sinn in der Sinnlosigkeit. Wenn es ihr schlecht ging, versuchte ich, sie aufzumuntern. War ich traurig, machte sie Scherze. Wir hätten wohl nicht überlebt, wenn wir einander nicht gehabt hätten.

Der Zusammenhalt, die Freundschaften in unserer Baracke bedeuteten uns auch viel. An den Abenden saßen wir zusammen und versuchten, unsere Gedanken mit alten und neuen Geschichten, Gedichten und Kochrezepten zu beschäftigen. Wir versuchten, den Hunger zu stillen, indem wir »kochten«: Wir erzählten detailliert, wie bestimmte Gerichte zubereitet werden, bis wir fast den Duft der Kohlrouladen und den Geschmack der Fleischbällchen spüren konnten.

Es gab noch andere Umstände, die für mein Überleben und das vieler aus der ungarischen Gruppe wichtig waren. Vor allem die Tatsache, dass wir erst im Frühjahr 1944 gefangen genommen wurden. Das bedeutete, dass wir kaum ein Jahr im Lager verbrachten, im Unterschied zu denen, die mehrere Jahre lang dort gelitten haben.

Der Gedanke, dass wir überleben mussten, um nach dem Krieg alles erzählen zu können, was uns geschehen war, spielte auch eine Rolle. Doch gleichzeitig bezweifelten wir, dass die Leute es würden hören wollen.

Gab es Zusammenhalt im Lager?

Man sollte meinen, dass uns das gemeinsame Schicksal solidarisch gemacht hätte. Doch die Wahrheit ist, dass der Zusammenhalt nicht der beste war.

Wie meist, wenn Menschen zusammenkommen, bildeten sich kleinere und größere Gruppen. Mädchen, die aus demselben Land kamen, hielten zusammen, zuvor gehegte Vorurteile florierten weiter, polnisch-jüdische Frauen hielten sich für besser als die ungarischen, und die ungarischen hielten sich gegenüber den polnischen für überlegen. Innerhalb der ungarischen Gruppe bildeten sich auch wieder Grüppchen, in denen zusammenhielt, wer aus derselben Stadt kam.

Wer aus derselben Gegend stammte und vielleicht mit demselben Zug angekommen war, fühlte sich verbunden und man half sich, so gut es ging. Wenn jemand aus der Gruppe eine bestimmte Rolle zugewiesen bekommen hatte, zum Beispiel in der Küche zu arbeiten, eröffnete dies den anderen die Möglichkeit, größere Portionen zu bekommen. Die Mädchen teilten die Vergünstigungen ihrer Position mit ihrer Gruppe. Bei der

Essensausgabe war es zum Beispiel von großer Bedeutung, dass man die Suppe vom Boden des Topfes bekam. Da befand sich das Gemüse und manchmal vielleicht sogar ein Fetzen Fleisch. Wir stellten uns für die Suppe an und beobachteten eifersüchtig die Bewegung der Kelle. Sinkt sie tief genug herab, oder wird es heute nur Wasser? Die Blockälteste wollte gerecht wirken und schaute nicht hin, wer in der Schlange stand. Die Kelle sollte bei jeder gleich tief eingetaucht werden. Aber sie wusste, wo ihre Gruppe stand, ob sie vorne, in der Mitte oder ganz hinten in der Schlange stand. Und da wurde dann richtig eingetaucht.

Der Überlebenstrieb war so stark, dass die nächsten Familienangehörigen einander Brot stahlen, die Tochter der Mutter, die Schwester der Schwester. Das Gegenteil kam auch vor, doch viel seltener. In meiner Gruppe gab es eine Frau, die immer als geizig und selbstsüchtig gegolten hatte. Jetzt zeigte sie sich selbstlos und großzügig; sie half, wo sie konnte, und verzichtete auf eigene Vorteile, wenn ein anderer sie mehr brauchte.

Denunziation war auch nicht ungewöhnlich. Es gab diejenigen, die nicht davor zurückscheuten, ihre Freundinnen anzuschwärzen, um in den Genuss eines Vorteils zu kommen. Das geschah mir. Ich war eine der wenigen, die Deutsch konnten. Außerdem war ich größer als die anderen, deshalb wurde ich, als wir in Eidelstedt arbeiten mussten, zum Kapo ernannt. Als Kapo war man der verlängerte Arm der SS und hatte dafür zu sorgen, dass die Gruppe hart arbeitete. Dafür wurde man mit einem zusätzlichen Teller Suppe belohnt. Man konnte die Ernennung nicht ablehnen, wohl aber den Auftrag sabotieren.

Nach einem kurzen Marsch zur Arbeit kamen wir zu einer beinahe vollständig zerstörten Fabrik, wo wir zwischen den Ruinen Ordnung machen mussten. Wir sollten eine Kette bilden und Ziegelsteine auf die andere Seite schaffen, wo sie in ordentlichen Reihen aufgestapelt werden sollten. Meine Arbeit bestand nun darin, die Mädchen zu effektiver Arbeit anzutreiben, doch ich stellte erst einmal eine Wache auf, deren Aufgabe es war, zu warnen, wenn sich ein SS-Mann näherte. Die Mädchen sollten langsam machen, bis die Wache warnte, dann aber ordentlich loslegen.

Es dauerte nicht länger als zwei Tage, bis ich von einem der polnischen Mädchen verraten wurde. Ein Teller Suppe bedeutete in den Lagern so viel.

Wie war es, als Frau im Lager zu sein?

Was die Behandlung von Gefangenen anging, wurde kein grundsätzlicher Unterschied zwischen Frauen und Männern gemacht. Frauen wurden die schweren Arbeiten nicht erspart, und sie wurden gleichermaßen bestraft. Für die SS-Männer waren wir keine Frauen; wir waren Objekte, die ihre Befehle ausführen sollten.

Frauen, vor allem die jungen, versuchten, selbst in diesen unerträglichen Verhältnissen ihre Weiblichkeit zu bewahren. Als wir ins Arbeitslager kamen und beim Arbeitseinsatz französische Kriegsgefangene trafen, suchten wir in den Ruinen nach Lippenstiften und Cremes. Die Eitelkeit erwachte wieder, und wir wollten uns für diese gut aussehenden Männer attraktiv machen. Kleine, unschuldige Romanzen entstanden, bald hatte jedes Mädchen »seinen« Franzosen.

Es war uns strengstens verboten, miteinander zu kommunizieren, doch in unbeobachteten Augenblicken »verlor« der Franzose vielleicht ein kleines Geschenk vor dem vorbeigehenden Mädchen, das seinerseits einen Brief mit ein paar Dankesworten »verlor«. Wir mussten sehr gut aufpassen, dass kein SS-Soldat in der Nähe war, wenn so etwas passierte, denn das bedeutete schlimmste Strafen. Strenge Strafen waren auch die Folge, wenn Frauen und Männer miteinander erwischt wurden. Das ist zwar, soweit ich mich erinnere, in den Arbeitslagern, in denen ich war, nie passiert. Doch es geschah in Auschwitz.

In Auschwitz wohnten wir in großen Baracken, jeweils zu cirka fünfhundert Personen. Wir wurden von einem polnischen Mädchen überwacht, Itka, der Blockältesten. Ihre Schwester Elsa half ihr. Diese jungen Frauen stammten aus Polen, waren bereits seit mehreren Jahren in Auschwitz, schön und gut genährt. Zu ihren besonderen Vergünstigungen gehörte, dass sie ihre schönen Haare behalten und zivile Kleidung tragen durften und reichlich Essen bekamen.

Eines Tages fehlte Elsa, und als sie auftauchte, war ihr Kopf rasiert und sie war völlig verweint. Wir fragten, was passiert sei, und allmählich bekamen wir es aus ihr heraus. Ein Mann, der im Sonderkommando bei den Krematorien arbeitete, besuchte die Mädchen heimlich und versorgte sie mit ein paar zusätzlichen Dingen, die man zum Leben brauchte. Natürlich erwachten auch sexuelle Gefühle; Elsa verliebte sich. Ich weiß nicht, wie lange das so ging, doch eines Tages wurden sie von einem SS-Soldaten erwischt. Sie wurde misshandelt, ihr

wurde der Kopf geschoren, und man nahm ihr alle Vergünstigungen. Der Mann wurde ebenfalls misshandelt, und wahrscheinlich hat er nicht überlebt.

Wie war es, seine Tage zu haben?

Die Frauen packten vor der Abreise ihre Binden ein, ohne zu ahnen, dass sie diese ebenso wenig wie irgendwelche anderen Besitztümer würden behalten dürfen. Es sollte sich jedoch zeigen, dass wir sie ohnehin nicht gebraucht hätten. Die Menstruation kam vielleicht noch ein- oder zweimal, und da waren wir natürlich in einer misslichen Lage. Es gab nichts, womit man das Blut auffangen konnte. Hatten wir Glück, dann bekamen wir einen Lappen von der Blockältesten, dem Mädchen, das uns überwachte. Obwohl man Gefahr lief, bestraft zu werden, wagten wir manchmal, ein Stück aus unserem Kleid zu reißen, doch meist liefen wir in blutverschmierten Kleidern herum, und das Blut lief uns die Beine herunter. Da musste man aufpassen, nicht vor irgendeinen SS-Mann zu geraten, der hätte uns mit Schimpfworten überschüttet – »*Dreckige Judensau*, kann nicht mal auf ihre Hygiene achten …« – und uns grün und blau geschlagen.

Eines Tages stellte meine Freundin Dora fest, dass sie schon vor drei Tagen ihre Tage hätte haben müssen. Sie fand das seltsam, denn sie war ja mit niemandem zusammen gewesen. Mehr und mehr von uns machten dieselbe Entdeckung, und es waren nur einige wenige, die in den Wochen nach unserer Ankunft noch ihre Blutung hatten. Einige meinten, sie seien schwanger, doch bald begriffen wir alle, dass es kein Zeichen für Schwangerschaft war. Die Menstruation hörte einfach auf. Es ging das Gerücht, das liege daran, dass dem Brot Brom zugesetzt worden sei, doch das wurde nie bestätigt. Natürlich kann die Menstruation aufhören, wenn man schlecht ernährt ist, so wie es bei Magersüchtigen der Fall ist, doch das konnte hier, so kurz nach unserer Ankunft, nicht die Erklärung sein. Uns musste etwas verabreicht worden sein, das die Hormone beeinflusste.

Wir hatten Angst, dass die Menstruation nie wieder in Gang kommen würde, dass wir keine Kinder würden bekommen können. Zum Glück war das nicht so. Als unsere Ernährung wieder normal war, begann auch wieder die normale Regel. Trotzdem entschieden sich einige Frauen nach dem Krieg, keine Kinder zu bekommen, weil sie fürchteten, alles, was sie erlebt hatten, könne sich wiederholen. Dann, als sie alt wurden, bereuten sie, dass sie keine Familie gegründet hatten, und waren sehr einsam.

Gab es Vergewaltigungen?

In Kriegszeiten sind Vergewaltigungen nicht nur ein Mittel, um Frauen Gewalt anzutun, sondern auch, um den gegnerischen Mann, zu dem diese Frau gehört, zu demütigen. In Deutschland und den besetzten Gebieten durften aber Vergewaltigungen im Prinzip nicht vorkommen, denn die Vermischung von Rassen war gesetzlich verboten. Die Praxis sah jedoch anders aus.

Zum Glück wurde keine aus unserer Gruppe vergewaltigt, und lange wusste ich nicht, ob es in den Lagern vorgekommen war. Erst nach dem Krieg erfuhr ich davon. Ich begegnete Frauen, die mir einiges berichteten.

Um die Kampfmoral unter den Soldaten aufrechtzuerhalten, wurden Bordelle eingerichtet – etwas vornehmere für die Offiziere und einfachere für die Soldaten. Dorthin wurden jüdische Mädchen geschickt, und wenn sie am Leben bleiben wollten, dann mussten sie sich fügen. Nach einem Tag harten Schuftens im Arbeitskommando konnte ein hübsches Mädchen am Abend geholt, ins Bordell gebracht und dann am nächsten Morgen wieder zur Arbeit geschickt werden.

Andere mussten dort rund um die Uhr Dienst tun. Diese Mädchen hielten das nicht lange aus. Es gab aber auch Mädchen, die ihre Weiblichkeit benutzen und die Soldaten dazu bringen konnten, sich in sie zu verlieben. Diese Mädchen konnten im Schutz des jeweiligen Soldaten ein vergleichsweise angenehmes Leben führen, vor allem, wenn er einen hohen Rang innehatte.

Ein ranghoher SS-Mann konnte ein Mädchen aussuchen, das seinen Haushalt führen sollte, und dann blieb diesem Mädchen die harte Arbeit draußen erspart. Doch nicht einmal in solchen Fällen konnte das Mädchen sicher sein, in der unberechenbaren, von aller Logik befreiten Welt des Nationalsozialismus zu überleben.

Hatten Sie Angst vor dem Tod?

Der Tod war nichts, wovor ich mich fürchtete. Schlimmer war die Unsicherheit, das ewige Warten, die Angst. Die Angst hörte nie auf. Sie war da wie ein Hintergrundrauschen und wurde übermächtig, wenn man in eine lebensbedrohliche Situation geriet.

Jedoch hatte ich Angst davor, *wie* der Tod kommen würde. Nicht mehr zu existieren war der größte Wunsch von uns allen, aber der Weg dorthin, der machte Angst. Die kalkulierte Grausamkeit der Deutschen konnte schreckliche Schmerzen bedeuten, ehe der Tod eintraf. Davor hatte ich Angst.

Ich erinnere mich, wie ich mich morgens beim Aufwachen fragte: Werde ich diesen Tag schaffen? Doch es gab keine Zeit, um zu grübeln. Die Schreie und Schläge der Aufseherinnen ließen mich aus dem Bett hochschrecken und mit der vorgeschriebenen Tagesordnung beginnen. Das »Bettmachen«, der Toilettenbesuch und dann der Zählappell. Darauf folgte der Marsch zur Arbeit, und erst wenn ich mich abends wieder schlafen legen durfte, hatte ich Gelegenheit, nachzudenken.

Meist schloss ich den Tag mit einem Gedicht des ungarischen Dichters János Arany ab, das in Amateurübersetzung ungefähr so klingt:

Danke, guter Gott,
für den Abend,
dass die Qualen der Erde
um einen Tag verringert wurden.

Wie waren Sie angezogen?

Als wir in Auschwitz ankamen, mussten wir uns nackt ausziehen. Wir mussten unsere Kleider auf einen Haufen legen und die Schuhe zusammengebunden auf einen anderen. Ich fragte mich im Stillen, wie denn jede ihre eigenen Kleider in diesem Haufen wiederfinden sollte.

Erst später erfuhr ich, dass die Kleider, nachdem die schlechtesten aussortiert worden waren, nach Deutschland kamen. Alles, was nicht weggeschickt wurde, ließ man waschen und sterilisieren, und es wurde dann mit einem aufgemalten gelben Kreuz als Gefangenenkleidung verwendet. Im Austausch für unsere Kleider erhielten wir graue Kittel und Unterhosen aus grobem Stoff.

Ich erinnere mich nicht, ob wir Strümpfe erhielten, aber wir bekamen ein Tuch, das wir benutzten, um unsere geschorenen Köpfe zu bedecken.

Wenn wir zu einem Arbeitseinsatz ausgewählt wurden, durften wir »zivile« Kleidung mit einem gelben, aufgemalten Kreuz anziehen. So konnten wir nicht mit denen verwechselt werden, die nicht für den Arbeitseinsatz eingeteilt worden waren. Diese Kleidung wurde manchmal auch ausgewechselt. Als es kalt wurde, bekamen wir ein zusätzliches, »wärmeres« Kleidungsstück.

Ich erhielt einen Mantel, wenn auch einen sehr dünnen, während meine Schwester Livi eine Strickjacke bekam. Die gehörte ursprünglich ihrer Lieblingscousine Ditsi. Dadurch erfuhren wir, dass auch sie unter dem zynischen Schild »Arbeit macht frei«, das über dem Eingang von Auschwitz hing, hindurchgegangen war. Die »warmen« Kleidungsstücke mussten im Frühjahr zurückgegeben werden, die anderen behielten wir bis zur Befreiung.

Nach der Befreiung von Bergen-Belsen wollten wir diese Kleider so schnell wie möglich loswerden und uns neue besorgen, und das gelang uns auf vielfältige Weise. Zuweilen bekamen wir von den britischen Soldaten etwas geschenkt, oder wir begaben uns in die Nachbarschaft und suchten. Manchmal »fanden« wir Kleider, die auf einer Wäscheleine zum Trocknen aufgehängt waren, die wir uns dann ohne schlechtes Gewissen aneigneten – die Deutschen hatten uns ja so viel mehr genommen. Das nannte man nicht »stehlen«, das nannte man »organisieren«. Frauen, die nähen konnten, standen hoch im Kurs. Unter ihren flinken Fingern wechselten

Decken und Laken ihre Form. Sie wurden zu Röcken, Jacken und Kleidern.

Ich selbst bekam ein Kleid aus einer grünen Gardine genäht und »fand« ein paar blaue Seemannshosen aus Wolle. Die Hosen hatte ich an, als wir nach Schweden fuhren. In Lübeck wurden wir und unsere Kleider desinfiziert, und die Frauen, die tragbare Kleidung hatten, durften sie behalten. Ich trug die Hosen selbst an meinem ersten Arbeitsplatz in Stockholm noch.

Für hundert Kronen, meinen gesamten ersten Monatslohn, kaufte ich ein schwarzes Wollkleid. Ich hatte das Gefühl, das war es wert. Endlich konnte ich etwas »Elegantes« anziehen, das mir Selbstvertrauen gab, wenn ich mich an einem Sonntagnachmittag mal mit meinen Freundinnen in der Konditorei traf.

Wurden Sie krank?

Es war wichtig, nicht krank zu werden. Uns war klar, dass wir nur leben würden, solange wir arbeiten konnten. Wenn wir krank wurden, hatte man keine Verwendung mehr für uns. Wir wussten, dass dann die Gaskammer wartete. Das führte dazu, dass wir nur selten richtig krank wurden. Diejenigen von uns, die unter chronischen Schmerzen litten, empfanden diese plötzlich nicht mehr. Keine ständigen Kopfschmerzen, keine Magenverstimmungen. Manchmal hatten wir kleinere Krämpfe, dann durften wir das »Revier« aufsuchen, so wurde die Krankenstube genannt. Die Krankenschwester war eine der Gefangenen, und sie hatte nicht viel Linderndes anzubieten. Dieselbe Salbe, Ichthyol, wurde bei Halsschmerzen und für Geschwüre angewandt. Die einzige Linderung, die ein solcher Besuch bringen konnte, waren ein Moment des Ausruhens und ein paar tröstende Worte.

Wenn eine Frau Fieber bekam oder es ihr so schlecht ging, dass sie nicht arbeiten konnte, versuchten wir anderen, sie zu schützen. Wir ließen sie in einer Ecke ausruhen, übernahmen ihre Arbeit, und eine von uns achtete darauf, dass keine SS-Wache sie entdeckte. Es konnte auch passieren, dass ein freundlicher Werksmeister sie drinnen in seiner Arbeitsbude sitzen ließ und vor einer SS-Wache dadurch schützte, dass er behauptete, das Mädchen würde ihm bei seiner Arbeit helfen. Wenn der Wachmann gute Laune hatte, ließ er sie dort, ansonsten jagte er sie hinaus.

Das Revier hatte einige Betten, sodass die Kranken dortbleiben konnten und nicht in die Eiseskälte hinausmussten. Dass wir so viel Angst davor hatten, dortzubleiben, lag daran, dass man nie wusste, wann der SS-Arzt auftauchte. Wenn der kam, mussten sich die Kranken nackt zur Untersuchung aufstellen, und es genügte schon, mager zu sein, um zum Tode verurteilt zu werden.

Die Krankenschwester wollte die Mädchen retten, konnte aber nicht viel tun. Doch ich weiß, dass sie einmal ein schwer krankes, bewusstloses Mädchen so geschickt versteckte, dass es nicht entdeckt wurde. Das Mädchen wurde wieder gesund und konnte das Revier verlassen.

Ein anderes Mal verguckte sich ein SS-Arzt in ein schönes Mädchen und versetzte es auf die Krankenstube der Soldaten, anstatt es in den Tod zu schicken. Was danach geschah, weiß ich nicht, ich habe die junge Frau nie wiedergesehen.

Ich selbst war einige wenige Male im Revier, wenn die groben Holzschuhe und die Kälte mir große Frostbeulen an den Füßen verursacht hatten. Ich weiß nicht, ob es die berüchtigte Wundersalbe war oder der herannahende Frühling, doch die Beulen heilten ab.

Gab es nette SS-Soldaten?

Ich bin niemals einem SS-Soldaten begegnet, der nett war. Im besten Fall waren unsere Wachen völlig desinteressiert. Sie machten einfach nur ihren Job, und wenn der Job Schläge verlangte, dann benutzten sie ihre Schlagstöcke. Einige waren bekannt dafür, besonders gemein zu sein, einige waren »nur« gemein und schlugen ohne Grund. Ich kann nicht behaupten, irgendeine direkte Freundlichkeit erlebt zu haben. Die SS-Soldaten waren darauf trainiert, grob und gefühllos zu sein.

In Himmlers berüchtigter und oft zitierter Posener Rede preist er die Brutalität derer, die Juden erschossen haben: »Dies durchgehalten zu haben und […] anständig geblieben zu sein, das hat uns hart gemacht und ist ein […] Ruhmesblatt.«

Wer bei der SS war, hatte, ebenso wie wir alle, sowohl Böses als auch Gutes in sich, doch sie wählten bewusst das Böse. Viele versuchten sich hinterher zu rechtfertigen, indem sie behaupteten, nur geschossen zu haben, weil sie dazu gezwungen worden seien. Doch die Forschung hat belegt, dass das nicht immer so war. Der

Historiker Christopher Browning hat in seinem Buch *Ganz normale Männer* unterstrichen, dass nur wenige das Polizei-Bataillon verließen, obwohl sie wussten, dass sie nicht mitmachen mussten, wenn ihr Gewissen nicht zuließ zu töten. Anstatt eine Entscheidung nach ihrem eigenen Gewissen zu treffen, beugten sich die Männer dem Gruppenzwang. Auf dieselbe Weise entschieden sich selbst anständige Deutsche unter gewissen Umständen, Böses zu tun. Doch wir haben alle eine Wahl.

Unsere Wachen waren junge Männer aus der SS und Frauen aus dem SS-Gefolge, die einen feierlichen Eid geschworen hatten, ihrem Führer gehorsam zu dienen, für ihn zu leben und zu sterben. Ihre nationalsozialistische Erziehung hatte schon in der Kindheit begonnen, als sie am leichtesten zu beeinflussen waren. In einzelnen Fällen bestand die Wachmannschaft aus der Wehrmacht, also aus Soldaten aus der regulären Armee, das waren dann oft ältere Männer, die einberufen worden waren. Zwischen diesen beiden Gruppen bestand ein großer Unterschied. Letztere waren weicher und noch keiner Gehirnwäsche unterzogen worden.

Eines Tages, auf dem Weg zu unserem Arbeitseinsatz, folgten uns nicht die jungen SS-Soldaten mit den Schlagstöcken, sondern Soldaten der Wehrmacht mit Gewehren auf dem Rücken. Dies war das erste und einzige Mal, dass Wachmänner *mit* uns sprachen und uns nicht nur ihre Befehle zubrüllten. Einer dieser Soldaten, Hermann, wirkte neugierig, und weil ich zu den wenigen gehörte, die Deutsch sprachen, lief er neben mir her, als wir in Fünferreihen marschierten. Er begann, mit mir zu reden, fragte mich aus, wer ich sei und woher ich käme. Der Soldat erzählte auch ein wenig von seinen Problemen zu Hause. Es stellte sich heraus, dass er eine Tochter in meinem Alter hatte, und vielleicht suchte er deshalb während der wenigen Gelegenheiten, bei denen die Wehrmacht uns beaufsichtigte, meine Nähe. Manchmal hatte er einen Apfel oder eine Kartoffel für mich dabei. Doch die Wehrmachtssoldaten hatten selbst auch wenig. Sein freundliches Wesen war ein Sonnenstrahl in der Dunkelheit, die mich umgab. Doch das währte nur kurze Zeit. Bald waren wieder die gewohnten jungen SS-Männer da, die uns ohne Erbarmen schlugen, wenn eine von uns nicht schnell genug war oder nicht in der Reihe blieb.

Manchmal kamen wir an Feldern vorbei, auf denen man kürzlich Gemüse geerntet hatte, Rosenkohl, Brokkoli oder dergleichen. Als wir sahen, dass immer noch einige Strünke aus der Erde ragten, eilten wir hin, um sie herauszuziehen, trotz der Gefahr, geschlagen zu werden. Sie waren eine wertvolle Bereicherung unserer armseligen Ration. Vor allem für die Kranken, die sich trotzdem zur Arbeit schleppen mussten.

Elisabeth, eine hübsche ungarische Jüdin, wurde schwer krank, verlor das Bewusstsein und kam aufs Revier. Tags darauf kam der SS-Arzt, blieb vor jedem Krankenbett stehen und verkündete der Krankenschwester mit einem Kopfnicken sein Urteil. An Elisabeths Bett fragte er nach ihrer Krankheit. Er sprach sie freundlich an mit den Worten: »Und du, junges Mädchen, was fehlt dir?« Sie antwortete: »Ich habe überall Schmerzen, aber so jung bin ich nicht, ich habe schon Medizin studiert.« Da befahl der SS-Arzt, dass sie in eine andere Baracke kommen solle, und da wurde sie tatsächlich wieder gesund.

Dieselbe Person, die ohne Gewissensqualen einen Menschen in den Tod schickte, rettete einem anderen das Leben. Eine solche Janusköpfigkeit begegnet uns manchmal auch im Rest der Gesellschaft.

Eines Tages fiel meine Freundin Lily in Ohnmacht und kam zu unserer großen Sorge aufs Revier. Als die Tage vergingen, ohne dass sie zurückkehrte, glaubten wir, dass wir sie nicht wiedersehen würden. Doch plötzlich stand sie da, beim Zählappell.

Als wir fragten, was geschehen sei, erzählte sie, sie könne sich nur dunkel daran erinnern, jedes Mal, wenn ein SS-Arzt zur Kontrolle gekommen sei, in einem Nebenraum versteckt worden zu sein. Das Personal im Revier bestand aus Mitgefangenen, und Grausamkeiten der SS konnten manchmal durch Zusammenhalt verhindert werden.

Sara, eine meiner polnischen Mitgefangenen, erzählte, dass sie sich vor der Internierung an einem Ort versteckt habe, von dem sie geglaubt habe, er sei sicher. Allerdings war sie gezwungen, jemanden in ihre Pläne einzuweihen, damit ihr Mann sie finden konnte. Sie entschied sich für die Nachbarin N., die immer freundlich zu ihnen gewesen war. Tags darauf wurde sie von der Polizei abgeholt, und da wurde ihr klar, dass die Freundlichkeit der Nachbarin ihre Grenzen hatte.

Heute denke ich oft darüber nach, wie ich mich verhalten hätte, wenn ich, 1924 in Sighet geboren, stattdessen als Deutsche in Berlin das Licht der Welt erblickt hätte. Bestimmt hätte ich auch meinen Teil der Gehirnwäsche im Bund Deutscher Mädel (BDM) erfahren, dem weiblichen Zweig der Hitlerjugend.

Vielleicht wäre ich eine Aufseherin geworden, die waren nicht besser als die SS-Männer. Wie hätte ich gehandelt? Hätte ich die Gefangenen geschlagen? Oder gerettet?

Hätte ich Eltern von moralischer Stärke gehabt, dann hätte ich vielleicht Mitleid gezeigt. Aber man kann nur hoffen. Wenn ein Mensch weiß, dass er die Wahl hat, hat er auch die Möglichkeit, das Richtige zu wählen.

Aber was ich erzählen kann, ist, was der zwölfjährige Noah tat. Er wohnte in einem Ghetto in Polen, in dem sich Hunger ausbreitete. Alle versuchten, etwas zu essen zu besorgen, entweder durch Tauschen oder Diebstahl. Die Kinder waren am geschicktesten. Sie schlichen mit einem Gegenstand, den man gegen Essen tauschen konnte, aus dem Ghetto heraus. Oft gelang es ihnen, mit ein paar Kartoffeln oder Rüben zurückzukehren.

Eines Tages wurde Noah von einem SS-Mann erwischt, der wissen wollte, wer der Kopf hinter diesen »Ausflügen« sei. Noah weigerte sich, die Frage zu beantworten. Der SS-Mann lockte ihn damit, dass er die Kartoffeln behalten dürfte, noch mal so viele dazubekommen und zudem noch zum Ghettopolizisten ernannt werden würde. Ghettopolizisten hatten zusätzliche Vergünstigungen und relativ viel Essen, während die Ghettobewohner hungerten. Noah weigerte sich hartnäckig, sich zum Informanten des SS-Mannes zu machen, obwohl er wusste, dass er misshandelt werden würde.

Haben Sie nachts geträumt?

In Auschwitz schliefen wir in den kurzen Stunden, in denen wir es durften, als hätten wir einen Ziegelstein auf den Kopf bekommen. Fest und traumlos, ein Schlaf, der keine Erholung brachte.

In den Arbeitslagern war es dann anders. Zwar durften wir nicht länger schlafen, aber die Träume kamen allmählich zurück. Meist träumten wir, dass wir zu Hause im Kreis der Familie wären, und das Aufwachen war sehr schmerzlich. Ich träumte, dass ich Hand in Hand mit meinem Vater über eine sonnige Wiese spazierte, und er erzählte gerade eine Geschichte, als das grelle Aufwachlicht eingeschaltet wurde und Vaters Stimme sich in die harten deutschen Rufe verwandelte: »Aufwachen, schnell, raus, raus …«

Ich versuchte mir einzubilden, dass der Traum die Wirklichkeit wäre und die alltägliche Schinderei lediglich ein böser Albtraum … Ich versuchte, die harte Wirklichkeit mithilfe der Fantasie auszugleichen.

Was war am besten?

Am besten? Kann irgendetwas am besten gewesen sein? Als ich diese Frage gestellt bekam, war ich verwirrt. Nichts war gut, aber es hat Augenblicke gegeben, in denen wir vergessen konnten, wo wir waren, und dann sogar lachten.

Am Abend fühlte es sich gut an, wenn die Schinderei des Tages beendet war und wir unsere erschöpften Glieder auf der harten Pritsche ausstrecken konnten. Wir hatten überlebt. Ich wusste, dass die Nacht sehr kurz sein und nicht viel Erholung bieten würde, doch in dem Moment war es gut.

Bevor die Schlafenszeit kam, saßen die Freundinnen dicht beisammen auf einem der Betten und hielt einen »literarischen Abend« ab. Wir trugen Gedichte vor, wer etwas erinnerte, gab Erzählungen wieder, oder wir »kochten« Mahlzeiten, tauschten Rezepte aus, erzählten uns von den guten Gerichten, nach denen wir uns sehnten.

Ich hatte ein besonderes Erlebnis in Auschwitz, das ein wenig Licht in das finstere Dasein brachte. Eines Morgens kam ein SS-Mann in die Baracke und fragte nach zwei freiwilligen Arbeiterinnen. Meine Freundin Olga und ich meldeten uns. Der Soldat mit seinem Gewehr auf dem Rücken führte uns weg. Wir liefen durch ein stacheldrahtbewehrtes Gelände nach dem anderen, bis wir zu einem Gebiet mit kleineren Baracken kamen. Es waren Soldatenbaracken, und wir erhielten die Aufgabe, die Fußböden zu putzen und zu scheuern.

Schon als wir uns den Baracken näherten, wurde mein Blick von einer grünen Birke gefangen. Das war wie ein Trugbild, nach der grauen Blase Auschwitz plötzlich Grün zu sehen. Draußen gab es Leben, es war noch nicht alles verloren.

Olga und ich schauten erst den Baum und dann einander an, und ohne zu reden, wussten wir, was die andere dachte. Wir würden ein paar Blätter ins Lager schmuggeln, sodass alle anderen es auch sehen konnten. Der Soldat trieb uns zur Eile an, wir sollten in die Baracke gehen und anfangen zu arbeiten. Er gab uns Anweisungen, wie wir uns zu verhalten hätten, einen Eimer mit kaltem Wasser und einen Lumpen.

Es wurde ein harter Arbeitstag. Um den verdreckten Fußboden irgendwie sauber zu bekommen, mussten wir etwas Reisig zusammensuchen. Unter den antreibenden Schimpfworten des Soldaten mussten wir mit dem Reisig schuften, Knöchel und Fingernägel benutzen, um den Fußboden ein klein bisschen sauberer zu bekommen.

Als das Signal zum Ende des Arbeitstages ertönte, atmeten wir auf. »Feierabend«, sagte der Soldat. Wir sollten wieder ins Lager zurückkehren, wo die Zählung der Gefangenen auf uns wartete. Ich schaffte es, ein paar Blätter abzureißen, doch auf dem Weg war ich sehr angespannt. Würde es mir gelingen, sie hineinzuschmuggeln, oder würde es eine Leibesvisitation geben? Es war strikt verboten, auch nur einen Grashalm mit hineinzunehmen. Ich verbarg einen Zweig in den Falten der Kleidung und nahm ein Blatt in den Mund. Olga ebenso. Zitternd gingen wir an der Torwache vorbei, und wir schafften es.

Mit bebenden Knien warteten wir auf das Ende der Zählung. Als wir dann in die Baracke kamen und die Blätter zeigten, war die Freude groß. Bei allen unseren Kameradinnen erwachte die Hoffnung, dass sogar auf uns eine sonnigere Zukunft wartete.

Wann wurde Ihnen klar, dass ein Genozid stattfand?

Während des Zweiten Weltkriegs gab es das Wort »Genozid« nicht, weder in meinem Vokabular noch in dem von irgendjemandem sonst. Dass ein umfassender Massenmord geschah, das wurde mir erst klar, als ich selbst in Auschwitz gefangen gehalten wurde. Davor gab es nicht viele, die begriffen, dass hier nicht nur gewisse Individuen ermordet wurden, sondern dass ein ganzes Volk von der Erdoberfläche getilgt werden sollte.

Wie haben Sie sich Ihr Leben nach dem Krieg vorgestellt?

Ich war sehr naiv. Dass die Deutschen den Krieg verlieren würden, daran zweifelte ich nicht, aber ich begriff nicht, dass danach nicht alles wieder so sein würde wie vorher. Ich glaubte unerschütterlich daran, dass Siebenbürgen nach dem Krieg wieder ein Teil von Rumänien werden würde. Die frühen Jugendträume waren noch in meinem Kopf. Ich würde zurückfahren, würde Medizin studieren und Kinderärztin werden. Ich würde nach Afrika reisen und die Kranken heilen.

Ich konnte mir nicht vorstellen, dass, selbst wenn die Alliierten siegten, nichts mehr so sein würde wie vorher.

Hatten wir keinen Geschichtsunterricht in der Schule gehabt? Doch, das hatten wir, aber der handelte meist von Jahreszahlen, Namen von Herrschern und Kriegsschauplätzen – ein Unterricht, der die Schüler nicht berührte und den man schnell vergaß. Deshalb war ich nicht vorbereitet. Ich begriff nicht, dass das Leben nicht so weitergehen konnte wie vor der Katastrophe. Und wenn ich mich noch so bemüht hätte, wäre es mir doch unmöglich gewesen, vorherzusehen, was uns nach dem Krieg erwartete.

Was geschah mit Ihrer Schwester?

Livi rettete mir in Bergen-Belsen das Leben. Im Durcheinander nach der Befreiung bekam ich hohes Fieber und wurde ohnmächtig. Sie fand unter den befreiten Gefangenen einen Mediziner, der selbst einen Arzt zu benötigen schien. Ich erinnere mich an sein Gesicht, als er sagte: »Ja, du bist krank, und hier sterben viele Kranke.« Da begriff ich, dass auch ich sterben würde. Ich unterwarf mich meinem Schicksal und schloss die Augen. Dann erinnere ich mich an nichts mehr, bis zu dem Moment, in dem meine Schwester an meinem Bett steht und ich begreife, dass ich das Laufen wieder lernen muss. Ich war mehrere Wochen lang bewusstlos gewesen, und Livi hatte bei meiner Pflege und mir so zurück ins Leben geholfen.

Im Sommer 1945 kamen wir nach Schweden, und dort blieben wir beide. Livi heiratete früh, sie war erst 17, als sie ihren Hans kennenlernte, der selbst 27 war. Er war auch nur ein Kind gewesen, als er seine Eltern in Deutschland verlassen musste, um sich zu retten. Er kam nach Dänemark und von dort mit der dänischen

Rettungsaktion nach Schweden. Sie bekamen ihr erstes Kind, als Livi 19 Jahre alt war, und danach noch zwei weitere. Hans erkrankte an Alzheimer und starb im Jahr 2000.

Inzwischen wohnen Livi und ich nah beieinander. Als wir jünger waren, haben wir uns jeden Tag gesehen. Heute fällt uns beiden das Laufen schwer, also telefonieren wir stattdessen. Jeden Morgen gegen neun Uhr ruft eine von uns an, und wir sehen uns so oft wie möglich. Sie geht mittlerweile auch auf die neunzig zu, aber sie ist immer noch in Schulen unterwegs, um von unserem Schicksal zu berichten.

Wie viele aus Ihrer Heimatstadt haben den Krieg überlebt?

Das ist eine Frage, die nicht beantwortet werden kann. Diejenigen, die überlebt haben, sind in alle Winde verstreut, nur wenige kehrten zurück.

Wir waren 3007 Männer, Frauen und Kinder, die am Morgen des 16. Mai 1944 in den Zug verfrachtet wurden. In der Nacht auf den 18. Mai, als unsere Gruppe aus Frauen nach der Selektion gezählt wurde, waren wir 486. Möglicherweise war das Verhältnis in der Gruppe der Männer ähnlich. Nehmen wir einmal an, dass es sich bei den folgenden fünf Transporten ebenso verhielt, dann überlebte ein Drittel die erste Selektion. Wie viele von diesen danach ums Leben kamen, weiß man nicht.

In meiner eigenen Familie überlebten zehn Angehörige von den 31, die in Sighet gewohnt hatten. Diejenigen, die zurückkehren wollten, hatten mit großen Schwierigkeiten zu kämpfen. Nach dem Krieg gab es kein funktionierendes Transportnetz, also gingen die meisten zu Fuß, wurden von einem Auto mitgenommen oder sprangen auf einen Zug, wenn ihnen zufällig einer begegnete.

Sanyi, der jüngste Bruder meines Vaters, überlebte. Er arbeitete in Auschwitz in einer Bäckerei und hatte auf diese Weise Zugang zu Brot. Als der Krieg zu Ende war, begab er sich zu Fuß nach Sighet, in der Hoffnung, seine Frau Helen zu finden. Und das Unglaubliche geschah. Als er es nach Prag geschafft hatte und dort einfach durch die Straßen ging, begegnete er plötzlich Helen. Sie war aus einem Arbeitslager befreit worden und war auch auf dem Weg nach Sighet, wo sie ihren Mann zu finden hoffte.

Das war eine der wenigen glücklichen Wiedervereinigungen; die meisten fanden niemanden, als sie endlich in Sighet ankamen. Meist gab es nicht einmal mehr ihr Haus. Sanyi und Helen hatten ein weiteres Mal Glück, denn auch ihr Haus war unversehrt, und sie konnten wieder einziehen und ein neues Leben beginnen. Doch blieben sie nicht lange. Sighet war bereits im Herbst 1944 von den Russen befreit worden, und nun lebte die Bevölkerung unter einem strengen kommunistischen Regime. Sie verließen Rumänien so schnell wie möglich und ließen sich schließlich in Los Angeles nieder.

Haben Sie gejubelt, als Sie befreit wurden?

Wir wurden befreit, als der Krieg noch nicht zu Ende war. Britische Truppen auf dem Weg nach Berlin befreiten uns am 15. April 1945. Man könnte meinen, dass ich hätte jubeln müssen, aber ich war so geschwächt und apathisch, dass ich mich kaum mehr freuen konnte. Mein einziger Gedanke war, dass ich am nächsten Tag zum Lager der Männer gehen und beginnen würde, nach meinem Vater zu suchen. Es dauerte lange, bis ich über die Freiheit jubeln konnte.

Natürlich freute ich mich, aber um zu jubeln, braucht man Kraft, und das dauerte.

Das erste Mal, dass ich jubeln konnte, war, als wir in Schweden waren und meine Schwester und ich über die Västerbron in Stockholm spazierten. Als ich mich umschaute, waren keine SS-Wachleute hinter mir. Ich hörte kein Hundegebell, ich sah nur friedliche schwedische Familien auf Tandems, die die Sonne an diesem Sonntag genossen. Livi und ich dachten dasselbe. Wir sahen uns an und begannen, mitten auf der Brücke zu tanzen.

Warum haben Sie sich für Schweden entschieden?

Ich sage immer, dass eher Schweden sich für mich entschieden hat. Kurz vor Kriegsende, als den Deutschen klar wurde, dass alles zu Ende ging, sollten alle und alles, was von ihren Verbrechen zeugen konnte, vernichtet werden. Die Lager mussten geleert werden, und man musste irgendwie ihre Insassen loswerden. Wir, meine Schwester Livi und ich, befanden uns damals in Eidelstedt, einem Arbeitslager in der Nähe von Hamburg.

Eines Tages Anfang April kam der Befehl, dass wir, alle zweihundert Frauen, uns in einem der Räume der Baracke versammeln sollten. Dieser Befehl genügte schon, um uns Angst zu machen. Veränderungen verhießen niemals etwas Gutes. Die »dicke Anna«, wie wir die bösartige Aufseherin nannten, befahl uns, alle Kleider auszuziehen. »Da, wo ihr hinkommt, braucht ihr keine Kleider«, fügte sie hinzu. Wir zogen alles aus und saßen eine ganze Weile vor Kälte und Angst zitternd da. Nach einiger Zeit kam der Lagerkommandant, sah uns verständnislos an und fragte, warum wir nackt dasitzen würden. Als er hörte, dass wir einen Befehl von Anna befolgten, warf er ihr einen unzufriedenen Blick zu und gab den Befehl, uns schnell wieder anzuziehen. Wir waren ein wenig erleichtert, wussten aber immer noch nicht, was los war, hatten immer noch Angst. Wieder angezogen wurden wir zum Bahnhof geführt und wie in einem Déjà-vu wieder mit zwei Eimern Wasser und zwei Eimern für die Notdurft in einen Viehwaggon gesperrt. Kein Essen. Wohin kamen wir? Zurück nach Auschwitz? Zu diesem Zeitpunkt war Auschwitz bereits befreit, aber das wussten wir nicht.

Der Zug kroch im Schneckentempo drei Tage und drei Nächte lang dahin. Er fuhr an, hielt, wartete auf Abstellgleisen, damit Militärtransporte vorbeifahren konnten, und rumpelte dann wieder los. Als wir eines Nachts stillstanden, hörten wir das Rattern einer sich öffnenden Tür und dann einen lauten Schuss. Da waren wir fest davon überzeugt, unsere letzte Stunde sei gekommen – man würde uns alle erschießen. Ich wartete angespannt auf den nächsten Schuss. Bald würde unsere Waggontür geöffnet werden, bald wären wir an der Reihe.

Ich packte die Hand meiner Schwester, blieb erstarrt stehen und hielt die Luft an. Doch nichts geschah, es verging eine Minute, dann zwei, drei, fünf … Wer erschossen worden war und warum, das erfuhr ich nie, doch ein paar Stunden später setzte sich der Zug wieder in Bewegung, und einige Zeit darauf wurden wir bei einem Feld neben einem von Stacheldraht umgrenzten Gelände rausgeworfen. Eine Frau stand am Eingang, und ich fragte sie, wohin wir gekommen seien. »Bergen-Belsen«, erwiderte sie und fügte lakonisch hinzu: »Arbeit gibt es, Brot gibt es nicht, Gas gibt es nicht.« Ich war ein wenig erleichtert und dachte: Arbeiten kann ich noch, vielleicht schaffe ich es eine Zeit lang ohne Brot, Hauptsache, es gibt kein Gas. Hinterher rechnete ich aus, dass es der 7. April 1945 gewesen war.

Wir wurden in saubere Baracken einquartiert. Erst nach der Befreiung, als ich sah, wie verlaust alle anderen Baracken waren, wurde mir klar, wie viel Glück wir gehabt hatten. In der Baracke war eine Gruppe prominenter jüdischer Persönlichkeiten gefangen gehalten worden, die gegen deutsche Kriegsgefangene eingetauscht werden sollten. Wir begegneten ihnen, als wir ankamen und sie auf dem Weg zum Zug waren.

Nicht nur Brot fehlte, es gab auch kein Wasser. Dass einige von uns überlebten, haben wir dem sogenannten Kaffee zu verdanken – der schwarzen Flüssigkeit, die wir zweimal täglich bekamen. Wir lagen immer schwächer und völlig apathisch auf unseren Pritschen und warteten nur auf den Tod, als plötzlich draußen Leben aufkam. Wie sich herausstellte, waren britische Soldaten auf dem Weg nach Berlin zufällig auf unser Lager gestoßen und hatten beschlossen, reinzukommen und uns zu befreien. Es war der 15. April 1945.

Was später geschah, daran habe ich nur nebelhafte Erinnerungsbilder. Ich erinnere mich daran, dass ich sehr krank wurde. Es war Typhus, den ich mir zugezogen hatte, als ich auf dem Gelände des Lagers herumgeirrt bin und Vater suchte. Livi pflegte mich, und ich habe ihr zu verdanken, dass ich wieder gesund wurde.

Ein paar Monate später kam eine schwedische Delegation nach Bergen-Belsen mit dem Auftrag, 10 000 Überlebende für eine sechs Monate während Rekonvaleszenz mit nach Schweden zu nehmen. Livi und ich waren darunter. Nach einer Zugreise und Desinfektion in Lübeck wurden wir auf ein Sanitätsschiff mit dem Ziel Malmö gesetzt. Diese Reise, dieses Gefühl der Freiheit werde ich nie vergessen.

Wie wurden Sie in Schweden aufgenommen?

Das Schiff, das uns nach Schweden brachte, hieß *Rönn-skär* und war ein zum Krankentransport umfunktioniertes Lastschiff. Das war für mich, die noch nie mit einem Schiff gefahren war, noch nie das Meer gesehen hatte, ein großes Erlebnis. Tagsüber durften wir nicht an Deck gehen. Die Ostsee war noch voller Minen. Lotsenschiffe sondierten unseren Weg, und nachts mussten wir vor Anker gehen. Da durfte ich nach oben, Seeluft atmen und die weite Aussicht erleben. Ich genoss die Überfahrt.

Die Erwartungen waren hoch. Meine Mitpassagiere und ich fühlten uns auserwählt zu einem neuen Leben, wo wir wie besondere Gäste behandelt und alle unsere Bedürfnisse befriedigt werden würden. Unsere Betten auf dem Schiff waren mit Papierlaken bezogen, die bei der kleinsten Bewegung raschelten, was mir das Gefühl gab, etwas Besonderes zu sein. Ich fühlte mich wie eine in Silberpapier eingewickelte Praline. Drei Tage und drei Nächte vergingen schnell, und die Freude war groß, als wir in Malmö ankamen. Dort warteten Frauen vom Svenska Lottakåren, einer freiwilligen zivilen Verteidigungsorganisation, mit Kakao und Butterbroten. Wir meinten, im Paradies gelandet zu sein, und konnten nicht genug von den Broten und dem göttlichen Getränk, dem Kakao, bekommen. Seither ist Kakao für mich das Sinnbild für das gute Leben in Schweden.

Vom Hafen wurden wir mit der Straßenbahn in die Linné-Schule gebracht, wo man uns einquartierte. Was ich am meisten aus dieser Zeit erinnere, ist das Essen. Das gute Essen – Fleisch mit Meerrettich – und das sonderbare Essen – Blutpudding mit kleinen Preiselbeerhütchen –, das wir auch heruntergeschlungen haben. Wir aßen und aßen und wurden doch nie satt. Fünfmal täglich bekamen wir Essen, und doch hatten wir immer Angst, dass es bald zu Ende sein würde. Die meisten von uns nahmen Essen aus dem Speisesaal mit nach oben und versteckten es unter dem Kissen. Da half es auch nichts, dass wir uns auch zwischen den Mahlzeiten Butterbrote nehmen durften, ebenso wenig wie die geduldigen Erklärungen des Personals, dass es immer Essen geben würde.

Dieser nur schwer zu stillende Hunger prägte unser ganzes späteres Leben. Wir waren alle beeinträchtigt, einige wurden magersüchtig, doch die meisten hatten ihr ganzes Leben lang einen überfüllten Kühlschrank.

Die Bevölkerung von Malmö versammelte sich vor dem Schulzaun, um die Überlebenden aus Bergen-Belsen zu sehen, doch wir durften uns ihnen nicht nähern. Für sechs Wochen waren wir in Quarantäne, und erst danach durften wir die Schweden draußen kennenlernen. Sie waren freundlich und neugierig; einige hatten kleine Geschenke dabei, doch unsere Geschichten wollten sie eigentlich nicht hören. Wir wurden gut aufgenommen; noch war es nicht opportun, seine Vorurteile zu zeigen, seine nazistischen Neigungen, seinen Antisemitismus. Alles das wurde unter den Teppich gekehrt. Erst in den Achtzigerjahren tauchte es wieder auf, um sich erneut zu verbreiten. Wenn ich darüber nachdenke, sehe ich das Muster auch heute. Die Menschen sind empathisch, wollen gern helfen, vom Überfluss abgeben, doch sobald es darum geht, Opfer zu bringen, im engeren Sinne zu teilen oder wirklich Zeit aufzubringen, wird es schwieriger.

Wir fühlten uns in Schweden willkommen. Als sich die erste Euphorie gelegt hatte und wir den ersten Schwierigkeiten begegneten, erwogen wir, das Land zu verlassen. Doch allmählich gewöhnten wir uns an Schweden, und Schweden gewöhnte sich an uns. Wir lernten, dass es kein Paradies auf Erden gibt. In Schweden sind, genau wie in anderen Ländern, manche Dinge gut, andere schlecht. Also fühle ich mich zu Hause.

War es schwer, sich an das Leben in Schweden anzupassen?

Eine Frage, die mir oft gestellt wurde, ist, ob ich lange gebraucht habe, um mir die schwedischen Werte anzueignen. Mein Eindruck ist, dass es keine typisch schwedischen Werte gibt. In Schweden habe ich dieselben Werte wiedergefunden, die ich aus meinem Heimatland und aus anderen heutigen demokratischen Ländern kenne. Ihren Kern, nicht zu morden und nicht zu stehlen und andere so zu behandeln, wie man selbst behandelt werden will, findet man in unterschiedlichen Formulierungen und verschiedenen Sprachen in allen Religionen der Welt.

»Werte«, das ist ein sehr weit gefasster Begriff, der oft mit »Kultur« verwechselt wird. Ich stamme aus einer Schamkultur, und 1945 war Schweden ein Land, in dem eine Schuldkultur herrschte. Das wurde mir klar, als gewisse Handlungen mit den Worten kommentiert wurden: »Das macht man in Schweden nicht.« Blumen, die über den Gartenzaun hängen, dürfen nicht gepflückt werden; man darf nicht zu spät kommen, wenn man zum Abendessen eingeladen ist; man betritt kein Haus mit Schuhen an den Füßen und so weiter. Bei der ersten Begegnung mit Schweden gibt es vieles, das ungewohnt, ja geradezu verblüffend ist, doch das gehört zur schwedischen Kultur – nicht zu den schwedischen Werten.

Am schwersten fiel es mir, zu lernen, dass »Ja« tatsächlich »Vielleicht« und »Vielleicht« eigentlich »Nein« bedeutet.

Ich erinnere mich an meine ersten Schnitzer, das waren Verstöße gegen die schwedische Kultur, nicht gegen die schwedischen Werte. Die Rituale am Esstisch unterschieden sich von denen, die ich kannte.

Ich war zum Abendessen eingeladen. Ich fuhr früh zu Hause los und spazierte vor dem Haus auf und ab, bis die Kirchturmuhr sechs schlug, früher hineinzugehen, wagte ich nicht. Als die Hausfrau dann die Schüssel herumgab, nahm ich mir sehr wenig, gut erzogen, wie ich war. Es würde ja noch mehrmals angeboten werden, ich würde genötigt werden, noch mehr zu nehmen. Doch in Schweden nötigt man niemanden, also stand ich hungrig vom Tisch auf.

An das ständige Bedanken in Schweden passte ich mich an, indem ich mir angewöhnte, nicht mehr mit einem schüchternen »Danke« aufzuwarten, wenn mir etwas angeboten wurde. »Ja, danke« oder »Nein, danke« hieß das.

Wenn man Gäste erwartete, sprach man erstaunlicherweise davon, dass »Fremdenbesuch« komme. Warum wurden Freunde genauso genannt wie völlig unbekannte Menschen? Ist das ein schwedischer Wert?

Im Sommer bekam ich eine Stelle auf einem Schärenboot. Ich sollte die Kajüte des Kapitäns sauber machen und in der Cafeteria des Schiffs bedienen. Ich tat das, so gut ich konnte, doch als der Monat um war, bekam ich keinen Lohn mit der Begründung, ich hätte schlampig geputzt. Vielleicht stimmte das, und da schämte ich mich, aber wenn ich eine Ermahnung bekommen hätte, dann hätte ich mich bestimmt gebessert. Als ich ihm das entgegenhielt, antwortete mein Arbeitgeber, dass man in Schweden einen Angestellten nicht ermahne. Wer die angenommene Arbeit nicht zufriedenstellend ausführe, habe es nicht verdient, bezahlt zu werden.

Es dauerte sehr lange, bis ich mich in die schwedische Kultur eingelebt hatte, doch die Grundwerte hatte ich schon im Gepäck, mit dem ich hierherkam.

Im Laufe der Jahre sind viele Menschen eingewandert, und wir können erkennen, wie der Kulturaustausch vor sich gegangen ist. Schweden hat sich geöffnet, hat Möglichkeiten für Einwanderer geboten, die sich ihrerseits anpassten. Sie haben die schwedische Kultur angenommen, während Schweden durch die fremde bereichert wurde.

Einer geglückten Integration stehen keine besonderen Werte im Wege, es geht lediglich um den guten Willen der Menschen. Sie gelingt nicht von heute auf morgen, vor allem, wenn die Mühlen der Bürokratie langsam mahlen. Es ist von großer Bedeutung, diese Wartezeiten zu verkürzen und mehr Möglichkeiten für schwedische Jugendliche und Einwandererjugendliche zu schaffen, um die Freizeit miteinander zu verbringen und sich so gut kennenzulernen.

Die Ideen, die es bereits gibt, bewirken gute Ergebnisse. Schweden kann ein Schmelztiegel werden, wenn der Staat die privaten Ansätze weiterentwickelt, die zum Ziel haben, bei verschiedenen unterhaltsamen Aktivitäten Einwanderer und Schweden zusammenzuführen.

Wie sind Sie mit Ihren Traumata umgegangen?

Ich hatte das Glück, schon im Sommer 1945 nach Schweden zu kommen. Dennoch war das eine schwere Zeit. Es quälte mich, bis auf meine Schwester meine ganze große Familie verloren zu haben. Wie viele von den 56 Personen, die zu meiner erweiterten Familie gehörten, hatten wohl überlebt?

Das Wort »Trauma« war kaum bekannt, und von Traumaverarbeitung hatte noch niemand etwas gehört. Wie sehr man an einem Trauma leiden kann, wurde erst deutlich, als mehr und mehr Überlebende über Gesundheitsprobleme klagten.

Schon während des Ersten Weltkriegs litten einige Soldaten unter dem Schrecken, den sie erlebt hatten, doch das wurde lange nicht als eine psychische Krankheit anerkannt. Man nannte es *shell shock,* führte es auf die Erschütterungen durch die Granateneinschläge zurück und schickte die Soldaten zurück an die Front. Wenn die Symptome wiederkehrten, warf man ihnen vor, zu simulieren.

Als mehr und mehr Überlebende Ärzte aufsuchten und diese keine körperliche Erklärung für die Symptome finden konnten, erkannte man allmählich, dass die Probleme psychische Ursachen hatten und eine Folge der Kriegserlebnisse waren. Es dauerte einige Jahre, doch allmählich reifte die Erkenntnis, dass nur eine Therapie den Leidenden helfen konnte. Traumazentren wurden errichtet, und die Flüchtlinge, die später kamen, erhielten die Möglichkeit zur Aufarbeitung ihrer Traumata.

Ich selbst hatte Glück. Ich hatte eine gute Konstitution, war gut durchtrainiert, sehr kräftig und willensstark. Offensichtlich hatte ich auch gute Gene. Dazu kamen die wichtigen Kleinkindjahre, die dem Individuum Sicherheit, Vertrauen und Selbstvertrauen geben oder verwehren können. Ich hatte das Glück, hingebungsvolle und aufmerksame Eltern zu haben, und das war ein guter Anfang meines Lebenswegs. Das war es auch, was mir nach dem Krieg auf dem Weg zurück ins Leben half. Ich hatte eine liebevolle Mutter, dazu einen anwesenden Vater, und nach Meinung der Psychologen wird das Individuum von den ersten drei Lebensmonaten geprägt. Da spiegelt sich das Kind in den Augen der Mutter und bekommt die Bestätigung, dass es auf der Welt willkommen ist.

Außerdem hatte ich instinktiv mit der Aufarbeitung begonnen, indem ich Tagebuch schrieb. Seit meiner frühen Jugend hatte ich ein Tagebuch geführt, und jetzt fing ich wieder damit an. Das Tagebuchschreiben wurde zu einer Art Selbstanalyse. Marianne, eine gleichaltrige Schwedin, die meine Freundin wurde, unterstützte mich; sie bedeutete mir viel. Sie wurde wie eine ältere Schwester für mich. Sie brachte mir bei, eine »Gleichung« aufzustellen: auf der einen Seite eines Blatts alles aufzuschreiben, was gut war, und auf der anderen alles, was ich verloren hatte. Das half im ersten Moment zwar nicht, aber mit der Zeit wurde es hilfreich.

Gleichzeitig wollte ich für Livi, meine Schwester, die jünger war, stark sein. Während Marianne für mich zu einer älteren Schwester wurde, spürte ich, dass ich meine jüngere Schwester unterstützen musste. Das war eine quälende Zeit, die erst leichter wurde, als ich anfing zu arbeiten – zumindest teilweise. Die Arbeit beanspruchte tagsüber meine gesamte Konzentrationsfähigkeit. Doch abends kehrten die Fragen, die mich quälten, zurück.

Was für einen Sinn hatte es, dass ausgerechnet ich überlebt hatte? Es fiel mir schwer, eine Antwort darauf zu finden, aber da ich nun mal überlebt hatte, musste es einen Grund dafür geben. Eines schönen Tages offenbarte er sich mir.

Wie kamen Sie dazu, Vorträge zu halten?

Irgendwann wurde mir klar, dass ich überlebt hatte, damit jemand vom Holocaust erzählen konnte. Wenn niemand vom Holocaust erzählt, dann wird er vergessen werden, und was vergessen wird, kann sich leicht wiederholen. Wenn er vergessen wird, wird niemand mehr wissen, dass es die sechs Millionen Juden, die unzähligen Kommunisten, Homosexuellen, Menschen mit Behinderungen, Roma und andere als weniger wert betrachtete Menschen je gegeben hat.

Das wurde mir zum ersten Mal wirklich klar, als eine Lehrerin bei mir anrief und mich bat, zu erzählen.

Als ich Anfang der Achtzigerjahre in Rente ging, begann ich, Bücher über das zu schreiben, was geschehen war. So entstanden *Fragmente meines Lebens. Ein Leben bis Auschwitz und ein Leben danach* und drei weitere Bücher.

Seither habe ich unzählige Vorträge gehalten, und das aus zwei Gründen: damit zumindest die Namen meiner Eltern, Frida Klein Szmuk und Ignatz Szmuk, weiterleben konnten und damit kommende Generationen etwas aus dem Holocaust lernen können, damit sie nicht erleben müssen, was ich erlebt habe.

Jugendliche kämpfen oft mit Fragen über den Sinn des Lebens. Das tut man einfach, auch wenn man Krieg und Verfolgung nicht erlebt hat. Ich möchte gern einen somalischen Schriftsteller zitieren, Nuruddin Farah, der schreibt: »Der Sinn des Lebens ist es, Gutes zu tun, gute Taten zu vollbringen, seinem Nächsten zu helfen, denn dann geht es einem selbst auch gut.«

Ich selbst glaube, der Sinn des Lebens ist das Leben selbst.

Fühlen Sie sich schwedisch?

Die Frage, ob ich mich schwedisch fühle, ist sehr kompliziert. Sie weckt viele andere Fragen: Wer bin ich? Wohin gehöre ich? Wo fühle ich mich zu Hause? Ist es der Ort, an dem ich geboren wurde, oder der, an dem ich aufgewachsen bin? Ist es da, wo meine Familie ist, oder dort, wo ich arbeite? Oder ist es bei meiner nationalen, ethnischen oder religiösen Gruppe? Es dauert einige Zeit, eine Antwort auf diese Frage zu finden.

Ich wurde in Rumänien geboren, in einer ungarisch sprechenden Familie. Als Kind war es natürlich für mich, dass andere Kinder andere Sprachen sprachen, anderes Essen aßen und anders angezogen waren; wir spielten miteinander und verstanden uns. Erst in der Schule wurde mir bewusst, dass manche Gruppen als besser angesehen wurden als andere. Wer eine andere Sprache als Rumänisch sprach, wurde bestraft. Meine früheste Erinnerung an die Schulzeit stammt von meinem ersten Schultag: Ich bekam mit einem Rohrstock, der tiefe rote Striemen hinterließ, mehrere Schläge auf die Handflächen. In den folgenden Jahren blieben mir die Schläge erspart, doch wurde mir oft mein Taschengeld abgenommen, wenn ich dabei ertappt wurde, dass ich Ungarisch sprach. Wir mussten für jedes Wort einen Leu bezahlen. Der Grund für diese Bestrafungen war, dass man mit der Peitsche aus all diesen verschiedenen ethnischen Gruppen Rumänen machen wollte. Und ein Stück weit gelang das auch. Als die Ungarn 1940 nach Siebenbürgen kamen, war ich durch und durch rumänische Nationalistin. Und jetzt wollten uns die Ungarn zu ungarischen Nationalisten machen. Sie benutzten dafür dasselbe Mittel: die Peitsche.

Als ich nach Schweden kam, wusste ich nicht, wer ich war. Ich kam aus einer Welt, in der wir nicht zu den Menschen zählten. Es ist seltsam, wie leicht es ist, sich selbst mit den Augen anderer zu sehen. Wenn der andere findet, dass ich gut bin, dann fühle ich mich gut; findet er, dass ich schlecht bin, dann fühle ich mich schlecht. Genau wie alle anderen brauchte ich die Bestätigung im Blick der Schweden, ehe ich die Frage beantworten konnte, wer ich war. Ich kam aus Siebenbürgen, dem damaligen Ungarn, also wurde ich als ungarische Jüdin klassifiziert. Aber die Ungarn waren unsere Henker, sie hatten uns an die Deutschen ausgeliefert. Also wollte ich mich nicht als »ungarische Jüdin« bezeichnen.

Als Kind wollte ich gern rumänisch sein. Doch in den Augen der rumänischen Nachbarn sah ich nur Ablehnung. Immer dieselbe abweisende Haltung – ganz gleich, was ich mir wünschte. Als ich nun nach Schweden kam, war ich nichts. Würde ich schwedisch werden können? Ich hoffte es. Wenn ich nur die Sprache lernte und eine Arbeit fand – vielleicht würde es mir dann gelingen.

Ob sich ein Gefühl der Zugehörigkeit einfindet, ist das Ergebnis eines Wechselspiels zwischen der Offenheit, mit der die Gesellschaft einem begegnet, und dem eigenen Willen, sich anzupassen. Den Willen, mich anzupassen, hatte ich von Anfang an. Es war wunderbar, die Offenheit der schwedischen Gesellschaft zu spüren, als wir in Malmö ankamen. Doch leider währte sie nicht lange. Allmählich entdeckte ich, dass ich das Mitleid der mich empfangenden Menschen mit Offenheit verwechselt hatte. Es dauerte mehrere Jahre, bis ich das begriff. Da hatte ich bereits eine Arbeit und sprach Schwedisch. Ich wurde immer noch als Ausländerin betrachtet, und das würde auch so bleiben, bis ich die Staatsbürgerschaft erhielt. Ich erfuhr, dass man erst Schwede wird, wenn man die Staatsbürgerschaft besitzt, und darauf musste man sieben Jahre lang warten.

Die Jahre vergingen, ich heiratete und bekam drei Kinder. Jetzt also war ich verwurzelt, ich hatte mein Zuhause in Schweden und begann, mich als Schwedin zu betrachten. Doch die schwedische Gesellschaft war anderer Ansicht, für sie war ich immer noch nur eine Immigrantin. Mein Mann und ich, beide mit denselben Wurzeln, arbeiteten hart und trugen zur Entwicklung der schwedischen Gesellschaft bei.

Heute betrachte ich mich als Schwedin, wage aber immer noch nicht, das gegenüber Menschen, die ich nicht kenne, laut zu sagen. Denn es wäre zu schmerzhaft, mit einem Blick abgewiesen zu werden, der besagt: »Du gehörst nicht zu uns. Du bist Migrantin. Wir können höchstens akzeptieren, dass du Schwedin mit Migrationshintergrund bist.«

Seit der Zeit unserer Ankunft hat sich die Gesellschaft aber ein wenig verändert. Inzwischen sind es mehr und mehr, die mir ohne diesen zögerlichen Blick begegnen, der sagt: »Was bist du für eine? Du gehörst nicht zu uns.« Viele haben ihre Vorurteile losgelassen, und ich hoffe, dass es noch mehr tun werden. Dass Schweden das Land wird, in dem all die althergebrachten Vorurteile abgelegt werden, die ein ehrliches Akzeptieren des Fremden verhindern. Dass Schweden schiffbrüchig gewordene Menschen aufnimmt und sie zu einem Teil seiner Gesellschaft macht. Wenn Migranten und Schweden sich auf halbem Wege begegnen, dann werden sie ein blühendes Land errichten.

Erkennen Sie sich in den Flüchtlingen von heute wieder?

Ich kam im Sommer 1945 nach Schweden, dank des großzügigen Versprechens der Regierung, 10 000 kranke Überlebende für eine sechsmonatige Rehabilitation aufzunehmen. Diese sechs Monate wurden zu einem ganzen langen Leben voller Anstrengungen, Niederlagen und Erfolge.

Wir waren die Flüchtlinge von damals, dankbar für die Großzügigkeit, die man uns erwies. Um unsere Menschenwürde wiederzuerlangen, wollten wir schnellstmöglich anfangen zu arbeiten. Die Art der Arbeit war dabei egal; wir nahmen, was uns angeboten wurde. Wir wussten, wenn wir nur die Sprache lernten, dann würden wir das erlangen, was wir uns in unserem Innersten wünschten, und zu nützlichen Bürgern des Landes werden. Wir wussten, dass wir in unsere früheren Heimatländer nicht zurückkehren wollten, also waren wir den heutigen Flüchtlingen nicht unähnlich. Der Unterschied war nur, dass wir nicht wollten; heute können sie es nicht.

Wenn ich die erschütternden Bilder mit schwanken-
den, überfüllten Booten im Mittelmeer sehe, dann sehe ich mich selbst dort sitzen. Ich hätte mich auch, der
geringen Überlebenschance zum Trotz, in so ein Boot
gesetzt. Diese Menschen wissen, dass sie nirgends willkommen sind, genau wie wir 1938 wussten, dass Juden
nirgends willkommen waren. Nicht einmal nach 1945
wurde es besser, Vorurteile sind zäh.

Vorurteile sind grundsätzlich ein soziales Konstrukt,
das Bestätigung sucht. Genau wie bei einer selbsterfül-
lenden Prophezeiung entsteht ein Teufelskreis der Ablehnung.

Trotzdem hat Schweden sich eingesetzt, jedenfalls
für uns 10 000.

Wenn ich den heutigen Flüchtlingsstrom sehe, iden-
tifiziere ich mich mit diesen unglücklichen Menschen,
deren einzige Alternative zum unmittelbaren Tod eine gefährliche Reise ins Unbekannte ist. Anstatt auf
helfende Hände treffen sie auf hohe Mauern und ver-
ständnislose Menschen, denen ihre Menschlichkeit ab-
handengekommen zu sein scheint. Ich sehe denselben
Egoismus und dieselbe Verantwortungslosigkeit wie zu
Beginn der Dreißigerjahre, nur noch stärker.

Damals – wie heute – gab es nicht viele, die sich vorstellen konnten, selbst etwas Schreckliches erleben zu
müssen. Der Pfarrer Martin Niemöller glaubte das auch

nicht, denn zu Anfang rührte Hitler die protestantische Kirche nicht an. Als er dann später eingesperrt wurde, sagte er: »Als die Nazis die Kommunisten holten, habe ich geschwiegen; ich war ja kein Kommunist. Als sie die Sozialdemokraten einsperrten, habe ich geschwiegen; ich war ja kein Sozialdemokrat. Als sie die Gewerkschafter holten, habe ich nicht protestiert; ich war ja kein Gewerkschafter. Als sie die Juden holten, habe ich auch geschwiegen; ich war ja kein Jude. Als sie mich holten, gab es keinen mehr, der protestieren konnte.«

Jedem Einzelnen von uns kann das Schlimmste passieren, ganz gleich, wie sehr wir versuchen, uns das Gegenteil einzureden. Wir kennen das Ende der Völkerwanderung, die heute geschieht, noch nicht. Wir wissen noch nicht, wie sicher wir uns sein können, dass wir hier in Schweden nicht auch weggehen, den Wanderstab nehmen und ein neues Zuhause suchen müssen. Hat man es einmal erlebt, dann weiß man, dass es wieder geschehen kann.

Hatten Sie mit Neonazis zu tun?

Vor ungefähr dreißig Jahren wurde ich von einem Journalisten angerufen, der mich dazu bringen wollte, im Fernsehen den Holocaust mit einem damals bekannten Neonazi zu diskutieren. Er war Holocaustleugner, gerade aus dem Gefängnis entlassen. Ich weigerte mich. Ich kann nur das erzählen, was ich miterlebt habe. Wer mir nicht glaubt, den kann ich nicht überzeugen. Wenn solche Leute argumentieren, dass niemand die Gaskammern von innen gesehen habe, kann ich nur zustimmen. Es ist wahr, keiner von uns hat die Gaskammern von innen gesehen, weil niemand, der darin war, lebend herausgekommen ist.

Es kann schwer sein, die Meinung von eingefleischten Neonazis zu verändern. Das Wichtige jedoch ist, die Jugendlichen zu erreichen, ehe sie von der Hassideologie beeinflusst werden. Das »Ende der Schlange« zu erreichen, diejenigen, die sich zu den Neonazis gesellen, weil das cool zu sein scheint. Können die Jugendlichen begreifen, was im Holocaust geschah? Kann man verhindern, dass sie sich Neonazigruppen anschließen, die mit Kameradschaft, Musik, Alkohol und dem Versprechen von Abenteuern locken?

Als Beispiel für die Schwierigkeiten, bereits überzeugte Neonazis zu erreichen, möchte ich von einer Begegnung zwischen Judith, einer Überlebenden, und einem anonymen, sehr jungen Neonazi berichten, der Flugblätter mit der Botschaft »Auschwitz hat es gar nicht gegeben« verbreitete. Judith ging hin und fragte ihn, wie er das wissen könne, da er zu der Zeit doch noch nicht gelebt habe. Der Neonazi antwortete, er habe es von einem berühmten Professor erfahren. Judith zog ihren Mantelärmel hoch und zeigte ihre eintätowierte Nummer, A-51792. Der Neonazi lachte nur und sagte, das hätte sie ja auch selbst machen können.

Anfang der Neunzigerjahre hatte ich einmal selbst Kontakt mit einem Neonazi, als einer von ihnen wegen Verunglimpfung vor Gericht stand. Er hatte hasserfüllte Briefe an verschiedene Personen geschrieben, auch an mich. Ich wurde als Zeugin gerufen und gebeten, meine Geschichte zu erzählen. Er wurde zu einer Haftstrafe verurteilt, doch selbst im Gefängnis gelang es ihm, mir einen hässlichen Brief zu schreiben. Ich übergab den Brief der Polizei. Was dann geschah, weiß ich nicht.

Einmal rief mich der Rektor einer Schule in Täby an und bat mich, zu kommen und einen Vortrag zu halten, weil es ein paar Unruhestifter gab, die Streit anfingen und Hakenkreuze auf die Wände malten. Nach meinem Vortrag, den diese Jungen natürlich nicht anhörten, kamen ein paar Mädchen nach vorn und bedankten sich. Sie fanden, es sei wichtig gewesen, meine Geschichte zu hören, und sie wollten jetzt nichts mehr mit diesen Jungen zu tun haben. Als die Jungen ihre Unterstützung verloren, wurde es ruhiger in der Schule, die Hakenkreuze verschwanden.

Ich habe im Laufe der Jahre einige verunglimpfende und auch bedrohliche Briefe bekommen. Die habe ich immer der Polizei übergeben. Sie konnten mich niemals erschrecken. Das Ziel der anonymen Briefeschreiber ist meist nur, Angst zu machen.

Hassen Sie die Deutschen?

Das Arbeitskommando war nach einem harten und regnerischen Tag draußen in den Schuttruinen gerade ins Lager zurückgekommen. Die meisten von uns hatten ihre Schuhe durchgelaufen, und jetzt ging das Gerücht, eine Lieferung sei gekommen. Wer würde sie bekommen? Hungrig und verfroren, mit nassen Füßen in Schuhen, die den Namen nicht verdienten, erdreistete ich mich, zum Lagerchef zu gehen und zu fragen, ob ich ein Paar bekommen könnte. Er schaute mich mit einem ironischen Grinsen an und gab mir eine Ohrfeige aufs linke Ohr, sodass es in meinem Ohr zu klingeln begann. Ich wäre schon fast hingefallen, und die nächste Ohrfeige auf die rechte Wange schleuderte mich, anstatt das Gleichgewicht wiederherzustellen, auf den Boden. Der Schmerz wurde von einem rasenden Hass übertönt, ich wollte mich auf ihn stürzen und ihn schlagen, schlagen, schlagen. Doch ich wagte es nicht. Er hatte die Macht.

Ich, die aus Ungarn kam, hatte zwei Hassobjekte: Deutsche und Ungarn. Die Deutschen quälten uns, doch die Ungarn waren es gewesen, die uns an die Henker ausgeliefert hatten. Und nach dem Krieg dauerte es einige Zeit, bis ich fertig gehasst hatte. Erstaunlicherweise ging das gegenüber den Deutschen schneller als gegenüber den Ungarn. Das Bild von den federgeschmückten Hüten der ungarischen Gendarmen verfolgte mich lange in meinen Albträumen.

Dass ich diese Albträume überwinden konnte, verdanke ich einem ungarischen Migranten, dem ich vor einigen Jahren begegnete. Er erzählte, dass er in einem kleinen Dorf in der ungarischen Puszta geboren worden sei und dass er, bevor er nach Schweden gekommen sei, niemals einen Juden gesehen habe. Dennoch habe er gewusst, dass man Juden hassen müsse, denn sie hätten Jesus ans Kreuz geschlagen. Das hatte er, noch ehe er lesen konnte, von den Pfarrern in der Sonntagsschule gelernt.

Das brachte mich dazu, nachzudenken und allmählich die andere Seite der Münze zu erkennen. Mir wurde klar, dass es nicht unsere Nachbarn in Sighet gewesen waren, die uns in die Viehwaggons getrieben hatten, es waren junge Bezirkspolizisten gewesen, die einen eingeimpften Hass in sich trugen. Nicht alle in Sighet waren schadenfroh, als sie uns los waren. Der eine oder andere unserer Nachbarn versuchte zu helfen. Die Friseurin meiner Mutter widersetzte sich dem Verbot, das Ghetto zu betreten; sie besuchte uns und brachte Lebensmittel.

Hass ist eine natürliche Reaktion auf ungerechte Behandlung, und er muss als das akzeptiert werden, was er ist. Doch kommt man nicht weit mit Hass, er ist sehr kontraproduktiv. Der Hass beeinflusst nicht nur den Gehassten, es geht auch dem schlecht, der hasst. Das weckt Vergeltungsgefühle, und wenn diese ausagiert werden, dann fängt auch der Gehasste an zu hassen. So landet man in einem ewigen Kreislauf des Hasses. Es dauert, bis man das Hassgefühl loslassen kann. Man muss das, was geschehen ist, verarbeiten, muss zu Ende hassen. Dann kann man es hinter sich lassen und ohne Bitterkeit leben. Das hat nichts mit Vergeben zu tun. Ich kann nicht stellvertretend für die Ermordeten vergeben, wie der berühmte »Nazijäger« Simon Wiesenthal gesagt hat.

Aber man kann lernen, mit dem zu leben, was geschehen ist. Man kann Seite an Seite mit den ehemaligen Feinden leben, einander tolerieren. Einsehen, dass man nie weiß, wie man selbst in einer kritischen Situation reagieren würde. Während ich in den Lagern war, hasste ich alle Deutschen, ich war voller Rachegefühle. Hätte ich die Möglichkeit gehabt, ich hätte es ihnen sicher heimgezahlt. Doch schon nach der Befreiung begriff ich, und die meisten mit mir, dass Rache uns nur auf das Niveau der Mörder würde sinken lassen.

Nach der Befreiung von Bergen-Belsen versammelten die britischen Soldaten unsere ehemaligen Wachleute auf einem Lastwagen und fuhren mit der Aufforderung herum: »Hier habt ihr eure Henker, macht, was ihr wollt, rächt euch.« Es waren nicht viele, die das taten, die meisten gingen einfach davon und begnügten sich mit dem Gefühl, dass diese Leute nicht mehr über uns bestimmten.

Unsere Rache ist, dass wir, die »ausgerottet« werden sollten, noch leben und neue Familien haben. Unsere Rache ist, dass die Nazis von damals weg sind und dass mehr und mehr von ihren Nachkommen heute unsere Erzählungen anhören und dafür arbeiten, dass so etwas nie wieder geschehen wird.

Heute habe ich viele Freunde, sowohl Deutsche als auch Ungarn, oft Kinder von Tätern, die für dieselben Ziele arbeiten wie ich.

Leider begegne ich manchmal auch anderen Deutschen, die sich wieder vorurteilsbeladenen Hassideologien hingeben. Sie hören nicht auf meine Erzählungen, sie wiederholen nur die eingeübten Phrasen, die sie unter Jugendlichen zu verbreiten suchen. Diese Neonazis müssen isoliert werden, um zu verhindern, dass sich ihnen immer mehr anschließen.

Manchmal gibt es im eigenen Bekanntenkreis jemanden, der sich vorurteilsvoll äußert. Dann frage ich gern, worauf diese Person ihre Überzeugung gründet. Damit möchte ich sie anregen, die eigenen Ansichten und die anderer zu betrachten und deren Richtigkeit selbst zu beurteilen. Ich fange an zu diskutieren, auch wenn das nicht unmittelbar zu Ergebnissen führen mag. Doch wer wiederholt mit einer Frage konfrontiert wird, der ändert möglicherweise seine Meinung.

Haben Sie einen Täter getroffen?

Nach dem Krieg gab es auch bei mir den Hass auf die Deutschen. Es brauchte Zeit, bis ich ihn los wurde. Und es gab auch eine unbewusste Angst. Einige Jahre nach dem Krieg reiste ich im Nachtzug durch Deutschland und erwachte schweißgebadet aus einem Albtraum, in dem die Deutschen dabei waren, mich zu hängen. Ich erwachte voller Panik. Es dauerte eine Weile, bis ich begriff, dass es nur ein Traum gewesen war, verursacht von dem Bettlaken, das sich um meinen Hals gelegt hatte.

Zu Anfang weigerte ich mich, Deutsch zu sprechen und nach Deutschland zu reisen. Später, als ich ein kleines Unternehmen betrieb und gezwungen war, hinzufahren, war das sehr anstrengend für mich. Ich sah in allen, die älter waren als ich, potenzielle Täter. Ich ließ mich nie auf ein privates Gespräch ein, alle waren ohne Anhörung verurteilt. Es dauerte lange. Viel später erst begriff ich, dass es ein Vorurteil war, dass alle Deutschen Täter seien, und ich konnte mich endlich von Misstrauen und Hass befreien. Mit der Zeit begann ich, Einladungen aus Deutschland zu diversen Ereignissen zu akzeptieren, und es fiel mir immer leichter, mit der Bevölkerung Kontakt zu haben. Ich fand sogar Freunde. Keine unter den besonders Verrufenen, aber in einem Fall war es doch der Sohn von einem – Martin Bormann, Hitlers rechter Hand. Der Sohn hieß auch Martin.

Er war noch mehr als die anderen Jugendlichen der Nazi-Propaganda ausgesetzt gewesen. Kurz vor Kriegsende hatte er an der Front gekämpft. Er war am Boden zerstört, als Hitler kapitulierte. Er wollte sich das Leben nehmen und irrte mit einer Pistole und ohne Essen mehrere Wochen lang durch die Wälder. Doch der Hunger ließ ihn an eine Hoftür klopfen. Es war der Hof eines katholischen Bauern, Martin stellte sich mit anderem Namen vor und bat um Essen. Als man ihn ausfragte, erzählte er, der Vater sei an der Front gefallen und die Mutter verschwunden. Dem Bauern tat Martin leid, und er durfte mehrere Jahre lang dort bleiben. Das war das erste Mal, dass Martin die Botschaft der Liebe erfuhr, und das beeindruckte ihn sehr. Er erkannte den Unterschied zwischen den beiden Lebensarten, die er erlebt hatte, und beschloss, selbst die Botschaft weiterzutragen.

Martin war nicht der Einzige, der sich von der Vergangenheit distanzierte. Mir sind mehr und mehr junge Deutsche begegnet, die mit der Elterngeneration in Konflikt standen und deren Ziel es war, die Verbrechen der Älteren zu sühnen.

Joachim war ein junger Geschäftskontakt von mir, dessen Lebensgeschichte mich berührte. Er wuchs ohne Vater auf, und es war selbstverständlich für ihn, dass sein Vater wie so viele Väter seiner Generation im Krieg gefallen war. Seine Mutter heiratete wieder, einen ehemaligen Offizier, und bekam bald weitere Kinder. Er wuchs in einer liebevollen Umgebung auf, die aber von dem nazistischen Geist, der immer noch in der Familie herrschte, durchzogen war. Er erinnerte sich an die Worte seiner Großmutter: »Was du auch tust, heirate nie eine Jüdin.«

Er weiß nicht mehr genau, wann er zum ersten Mal hörte, dass der Vater ein Täter gewesen sei. Er fragte seine Großmutter, welche bestätigte, dass der Vater in der Partei gewesen war. Doch wollte sie nicht bestätigen, dass er Verbrechen begangen hatte.

Als Joachim älter wurde, kamen immer häufiger Beschuldigungen auf, dass der Vater einer der Nazi-Verbrecher gewesen sei, die sich nach dem Krieg der Verurteilung entzogen hätten. Er meinte, das seien Lügen, und beauftragte einen Anwalt. Der Anwalt betrieb Nachforschungen und konnte zu Joachims großem Entsetzen die Behauptungen bestätigen. Der Vater war ein hochrangiger Militär gewesen, der für die Ermordung von Juden in einem der ukrainischen Gebiete verantwortlich war. Bei Kriegsende floh er mithilfe der katholischen Kirche nach Italien, um dort auf ein Ausreisevisum nach Argentinien zu warten. Als Joachim all das erfuhr, brach er mit der Familie und beschloss, sein Leben dem Kampf gegen den Nazismus zu widmen.

Ein anderer Deutscher, Friedrich, begegnete mir, als ich auf dem Weg zu einer Konferenz über Menschenrechte war. Im Laufe des Gesprächs kam heraus, dass er in der Hitlerjugend gewesen war und jetzt versuchte, seine Vergangenheit aufzuarbeiten, eine Antwort darauf zu bekommen, wie es kam, dass er nie selbstständig gedacht, immer gehorsam akzeptiert und ausgeführt hatte, was ihm befohlen worden war.

Er fragte mich nach meinem Hintergrund und war schockiert, als er erfuhr, dass ich in den Lagern gewesen war. Ich meinerseits wollte nichts mehr von seiner Vergangenheit erfahren; nicht, wo er gewesen war, und auch nicht, was er getan hatte. Nun, da er sich derselben Arbeit widmete wie ich, war das Vergangene unwesentlich. Nur wenn ehemalige Feinde sich zusammenschließen und gemeinsam für dasselbe Ziel kämpfen können, besteht Hoffnung auf eine bessere Zukunft, eine Zukunft in einer menschenwürdigen Gesellschaft, auf ein Leben ohne Hass und ohne Rache.

Können Sie vergeben?

Das ist eine Frage, über die ich oft nachgedacht habe, bis ich darauf kam, dass man in diesen Begriffen nicht denken muss. Was gewesen ist, kann nicht ungeschehen gemacht werden, die Zeit kann nicht zurückgedreht werden, die, die fort sind, kommen niemals wieder. Heute kommt es auf die Zukunft an.

Was wir heute tun können, ist, dafür zu arbeiten, dass es niemals wieder geschehen wird.

Sind Sie in Ihre Heimatstadt zurückgereist?

Etwas Quälendes, mit dem ich mich lange herumschlagen musste, waren Albträume. Als ich verheiratet war und Kinder bekommen hatte, träumte ich nachts, ich sei in Sighet und die Familie sei noch in Stockholm. Ich glaubte, ich würde es nie wagen, dorthin zurückzureisen.

Doch die Zeit verging, die Kinder wurden größer, und als ihnen das Besondere an unserer Familie bewusst wurde, stellten sie Fragen. Sie hatten ja keine Großeltern, Tanten oder Onkel, keine Verwandtschaft, bei der sie die Ferien hätten verbringen können, so wie es die Klassenkameraden taten. Keine großen Familienfeste, auf denen sich alle versammelten. Als sie Jugendliche wurden, beschloss ich, doch eine Reise nach Sighet zu unternehmen, damit sie ihren Wurzeln näher kommen und unsere Situation ein wenig besser verstehen könnten.

Während der Reise erwies sich die Aufgabe, den eigenen Kindern von der verlorenen Familie zu erzählen, als sehr belastend. Sie sollten nicht sehen, dass ich traurig war. Ich erzählte die Familiengeschichte, als wären wir Touristen in einer fremden Stadt, als würde ich in einem Buch blättern, das von jemand anderem geschrieben worden war. Ich gestand mir selbst keine Gefühle zu. Noch war mir nicht klar, dass das Aufzählen der Fakten nur intellektuelles Verständnis erzeugt. Für ein gefühlsmäßiges Verstehen musste die Erzählung aber das Herz erreichen. Meine Kinder bekamen die Antworten auf ihre Fragen, aber ich weiß nicht, wie sie sie aufnahmen. Ich kam mir vor, als wäre ich bloß ein Lautsprecher, und in mir blieb keine Empfindung davon zurück, die Stadt meiner Kindheit wiedergesehen zu haben. Deshalb beschloss ich, noch einmal dorthin zu reisen, eine Pilgerfahrt zusammen mit meiner Schwester zu unternehmen, alle Orte zu besuchen, die wichtig für uns gewesen waren, uns von den Gefühlen überwältigen zu lassen, uns auszuweinen. Und das taten wir im darauffolgenden Sommer.

Unser erster Ausflug führte uns ins Zentrum, zu einem von Geschäften umgebenen Park. Es war, wie ins Theater zu gehen und ein Stück zu sehen, das man schon einmal gesehen hat. Die Szenerie war dieselbe, aber die Schauspieler waren alle ausgetauscht. Den Musikpavillon im Park gab es noch, er war aber renoviert worden. Die Schilder an den Geschäften waren ausgetauscht, statt der jüdischen Namen standen da nun rumänische.

Ich ging in den Laden, der früher meinem Onkel gehört hatte, und sah, dass ein mir unbekannter Besitzer die gleiche Art Stoffe anbot, aus denen ich damals zu wählen pflegte. Ich spazierte durch die Stadt und sah meine Tante um eine Ecke kommen, doch als ich vor ihr stand, war sie ein wildfremder Mensch.

Unser altes Haus gab es noch, die Besitzer betrachteten uns ein wenig misstrauisch, als wir sagten, wir hätten in unserer Kindheit dort gewohnt. Sie hatten Angst, dass wir es zurückverlangen würden, doch sie ließen uns hineingehen, sodass wir uns umsehen konnten. Drinnen sah ich nicht, was da stand, sondern das Zimmer meiner Eltern mit ihren Möbeln. In meinem Zimmer sah ich meine liebsten Besitztümer, das Klavier und die Bücher. Fast konnte ich unseren Hund Bodri draußen auf dem Hof bellen hören. Livi und ich weinten beide viel. Wir waren wie Kinder, die ohne Erlaubnis von zu Hause weggelaufen waren und nun die Folgen aushalten mussten.

Diese beiden Reisen brachten etwas Gutes mit sich. Die Albträume ließen nach. Sie hörten nicht auf, aber im Laufe der Zeit erwachte ich nicht mehr schweißgebadet mit dem Gefühl, ich wäre weit weg und meine Kinder noch in Schweden. Dadurch begriff ich, dass man sich seinen Ängsten stellen muss. Nur so treibt man die Monster unter dem Bett hervor.

Wie oft denken Sie an die Zeit im Lager?

Seit den Achtzigerjahren habe ich fast täglich Vorträge über die Zeit in den verschiedenen Lagern gehalten, und jedes Mal, wenn ich davon erzähle, fühlt es sich an, als würde ich es wieder erleben. Obwohl das sehr schwer ist, hat es doch etwas Gutes mit sich gebracht: Es wurde ein Teil der Traumaverarbeitung.

Den meisten Überlebenden fällt es schwer, von dem zu erzählen, was ihnen zugestoßen ist, und so bleibt es immer da als ein ständiges Mahlen. Dadurch, dass ich täglich damit arbeite, darüber rede und schreibe, ist es nicht mehr da, wenn ich aufhöre zu arbeiten. Es ist nicht mehr im Bewusstsein, aber noch unter der Oberfläche, und es braucht nur wenig, dass es hochschießt.

Gehe ich auf der Straße und höre Hundegebell hinter mir, versetzt mich das sofort zurück ins Lager. Die Gruppe von Mädchen in Fünferreihen auf dem Weg zur Arbeit, von SS-Wachmännern mit Hunden bewacht. Bleibt eine stehen oder nicht in der Reihe, wird der Hund auf sie gehetzt. Gleichzeitig mit der Angst spüre ich den eisigen Wind, der durch meine dünne Kleidung bläst, und den Schmerz in meinen Füßen, die von den groben Holzschuhen wund sind. Ein andermal taucht vielleicht ein Schornstein auf, der an den Schmerz erinnert, den ich empfand, als ich begriff, welche Funktion die Schornsteine in Auschwitz hatten.

Wenn ich mit meiner Schwester zusammen bin, sprechen wir selten über den Holocaust. Aber das, was die Vergangenheit in mir weckt, bewirkt dasselbe in ihr, und es genügt, dass wir uns anschauen, um zu wissen, dass wir dasselbe denken.

Wie fühlt es sich an, alt zu werden?

Ich zucke nachts zusammen und stelle mit Wonne fest, dass der Flug, mit dem ich hätte fliegen sollen, verspätet ist. Ich weiß immer noch nicht, ob es ein Traum ist oder ob ich wirklich verreisen werde. Doch da der Flug verspätet ist, fühlt es sich gut an. Ich kann einem weiteren schönen und sonnigen Herbsttag entgegensehen. Träume ich, oder ist es Wirklichkeit?

Wenn ich schwere Zeiten durchlebte, versuchte ich mir einzubilden, dass die Nächte mit ihren Träumen die Wirklichkeit waren und die Tage die Träume. Ist es jetzt so? Mit welchen Schwierigkeiten kämpfe ich? Die Antwort ist offenkundig. Mit dem Altern.

Wann beginnt man, alt zu werden? Heute dauert es immer länger. Heute sprechen wir von »jungen Alten«, also Rentnern, die immer noch Leistung bringen können. Doch dieses Können nimmt allmählich ab, und junge Alte verwandeln sich in alte Alte. Das ist individuell sehr verschieden, das biologische Alter fällt nicht mit dem erlebten Alter zusammen. Ich selbst habe nicht an mein Alter gedacht, bis ich 82 wurde. Da wurde mir plötzlich klar, dass ich ja alt war, es war mein 82. Geburtstag. Ich begann, mit den Zahlen zu spielen, und plötzlich stellte ich fest, dass der Tag, an dem ich 28 geworden war, eine Ewigkeit her war.

Alt zu werden hat seine Vor- und Nachteile. Am schwersten ist es, zu lernen, den fortschreitenden Verlust seiner verschiedenen Fähigkeiten zu akzeptieren. Es beginnt damit, dass man schlechter sieht und hört, und es geht mit verschiedenen physischen und mentalen Einschränkungen weiter. Alles wird langsamer, man wird bedächtiger in seinen Bewegungen, das Reaktionsvermögen verschlechtert sich. Es ist nicht mehr angeraten, Auto zu fahren.

Zuerst war ich wütend auf mich selbst, weil ich nicht mehr so viel leisten konnte wie früher, doch allmählich begriff ich, dass man das akzeptieren und das Tempo runterfahren muss. Zu Anfang versuchte ich, die Verluste mit größerer Aufmerksamkeit und mehr Geduld zu kompensieren, doch ich merkte, dass das nicht half. Das Kurzzeitgedächtnis verschwindet, es wird immer schwerer, sich die Namen von Personen zu merken. Es fühlt sich an, als hätte das Ich den Kontakt zum Gehirn verloren; es will die richtige Antwort nicht abrufen, wie sehr ich mich auch anstrenge. Außerdem merkte ich, wie Dinge, die mir früher äußerst wichtig gewesen waren, an Bedeutung verloren. Im Laufe der Jahre fühlte es sich an, als würde ich auf einen Berg klettern, und je höher ich kam, desto kleiner wurde alles, bis es kaum mehr zu sehen war.

Ich rege mich nicht länger über Kleinigkeiten auf, ich kann mich gegenüber dummen Aussprüchen versöhnlich zeigen und ungerechte Beschuldigungen akzeptieren, um Streit zu vermeiden. Meine eigene Person fühlt sich nicht mehr so wichtig an. Ich freue mich jeden Morgen über einen neuen Tag, über den Wechsel der Jahreszeiten, über eine Freundlichkeit von einem Mitmenschen. Es wird immer wichtiger, Menschen zu treffen; ich, die immer eine Eigenbrötlerin war, genieße nun Gesellschaft.

Als ich mit der Forschung zu Gerotranszendenz in Berührung kam, begann ich, mich selbst besser zu verstehen. Das Leben entwickelt sich die ganze Zeit über, und man merkt kaum, wenn man die Grenze von einem Stadium zum nächsten überschreitet. Babys entwickeln sich zu Kleinkindern, Kinder zu Jugendlichen, Frauen durchlaufen die Menopause, und die letzte zu überschreitende Grenze wird der Tod sein. Der Tod ist etwas, das wir alle vor uns haben, und trotzdem ist es tabu, darüber zu sprechen. Der Körper bereitet sich darauf vor, verlangsamt sich, nimmt andere Perspektiven ein. Das nennen die Wissenschaftler »Gerotranszendenz«. Der Gedanke an den Tod wird immer vertrauter, und das offenbart sich in den Träumen, die dann öfter von Umzügen, Reisen und von Gegenständen handeln, die mitzunehmen man vergessen hat.

Der Tod macht mir keine Angst. Ich habe ein langes Leben gelebt, länger, als ich mir hätte vorstellen können, und irgendwann geht alles zu Ende. Individuen verschwinden, neue kommen hinzu. Im Gegensatz zu früher verstehe ich heute, dass es darauf ankommt, wie wir unsere Tage ausfüllen und dass unsere Nachkommen in einer besseren Welt weitermachen können als in der, in der wir jetzt leben.

Nach allem, was Sie erlebt haben – glauben Sie an Gott?

Kann man nach dem Holocaust an Gott glauben? Das ist eine Frage, über die viele Schriftsteller und Philosophen gegrübelt und geschrieben haben. Fragt man die Überlebenden, merkt man, dass jeder Einzelne auf seine Weise reagiert. Viele, die vor dem Krieg tiefgläubig waren, sagen: »Wenn das passieren konnte, dann glaube ich nicht länger an Gott.« Ich erinnere mich an eine religiöse Frau, die im Viehwaggon auf dem Weg nach Auschwitz ihren Nachbarn bat, etwas Schinken probieren zu dürfen. Auf der anderen Seite gab es eine Menge Atheisten, die nach dem Krieg zutiefst gläubig wurden. Sie waren im Innersten davon überzeugt, dass es Gott war, der ihnen geholfen hatte zu überleben.

Viele von den sehr religiösen orthodoxen Frauen, mit denen ich zusammen war, haben niemals ihren Glauben verloren. Eines Tages kamen sie von der Arbeit in den Schuttruinen zurück, glücklich darüber, ein Gebetbuch gefunden zu haben. Nun beteten sie morgens und abends. Sie glaubten fest daran, dass »Gott, der mir geholfen hat, der Gaskammer zu entkommen, mir weiter helfen wird, wenn ich Seinem Gebot folge«. Trotz immerwährender Kontrollen gelang es ihnen, ihr Gebetbuch zu behalten, und auch wenn es schwer war, den religiösen Geboten zu folgen, schafften sie es, das Datum des Versöhnungstages auszurechnen, des Tages, an dem man weder essen noch trinken darf. Es war selbstverständlich, dass sie fasten würden. Mit leerem Magen, ohne auch nur den Mund ausgespült zu haben, reihten sie sich für den Marsch zum Einsatzort des Arbeitskommandos ein. Dort angekommen wuchteten sie den ganzen Tag lang die schweren Zementsäcke, ohne auch nur ihre Lippen zu befeuchten.

Glaube kann auf dem Lebensweg hilfreich sein, ganz gleich, welcher Religion man angehört. Gefährlich wird es, wenn er extrem wird und Menschen auf die Idee kommen, dass alle dasselbe glauben müssten wie sie. Dann ist der Glaube zum Fundamentalismus geworden, und die ursprüngliche Liebesbotschaft hat sich in eine Botschaft des Hasses verwandelt.

Im Lager gab es einige Atheisten, die über die Gläubigen lachten, während sie gleichzeitig Respekt für ihr Nichtglauben erwarteten. Es fiel ihnen schwer einzusehen, dass die Toleranz in beide Richtungen gehen muss. Ich kann nicht Toleranz für meinen Glauben verlangen, wenn ich deinen nicht toleriere.

Was mich selbst betrifft, so hat sich an meiner früheren Einstellung nichts verändert. Ich habe den Glauben behalten, den ich vor dem Holocaust hatte. Ich bin jüdisch aufgewachsen und bin Jüdin geblieben. Aber ich glaube nicht, dass mein Gott besonders ist. Wenn es einen Gott gibt, dann ist es derselbe, den wir alle haben, egal, wie wir ihn nennen. Gott kann auch nicht im Himmel sein und über jeden Einzelnen von uns wachen, uns sagen, wie wir handeln sollen. Gott ist in unserem Innersten, in dem moralischen Kompass, der uns hilft, die Probleme des Lebens zu bewältigen.

Die goldene Regel »Was du nicht willst, dass man dir tu', das füg auch keinem andern zu« findet man in sämtlichen Religionen und Sprachen. Wenn alle Menschen sich entscheiden würden, sich davon leiten zu lassen, würden wir in einer besseren Welt leben.

Wie kann die Schule dazu beitragen, dass Vergleichbares nicht wieder geschieht?

Eine Frage, die mir oft gestellt wird, ist: Wie können wir vermeiden, dass es wieder geschieht? Ich sehe nur eine Möglichkeit, und zwar durch Erziehung. Erziehung generell und im Besonderen in der Schule. Die Schule spielt eine sehr wichtige Rolle bei der Gestaltung der Zukunft.

Es kommen nicht alle Kinder aus Umfeldern, in denen es einen selbstverständlichen Moralkompass gibt, den die Kinder erben. Diese Kinder haben die Möglichkeit, in der Schule eine andere Welt kennenzulernen, auf Lehrer zu treffen, die Fragen wecken können, von denen die Kinder nicht einmal wussten, dass es sie gibt.

Es genügt nicht, dem Holocaust in der neunten Klasse eine oder zwei Stunden im Geschichtsunterricht zu widmen. Man muss früher anfangen, gern schon im Kindergarten oder in der Grundschule. Selbst kleine Kinder verstehen Erzählungen über Ungerechtigkeiten und Vorurteile; wichtig ist, den Unterricht ihrem Niveau anzupassen. Kinder im Alter zwischen neun und zwölf Jahren sind in der Regel meine größten Fans, wenn ich in den Schulen unterwegs bin. Sie sind neugierig und wissbegierig, es hagelt nur so Fragen, im Gegensatz zu den Jugendlichen, denen es schwerfällt, Fragen zu stellen.

Der Holocaust ist geschehen. Wird er vergessen, dann wird er wieder geschehen. Deshalb sollte die Schule dafür sorgen, dass die Kinder die Geschichte kennen, bis ins kleinste Detail, dass sie wissen, was in Deutschland zwischen 1920 und 1945 vor sich ging. Es ist vor allem der Geschichtsunterricht, in dem dargestellt werden muss, was geschehen ist, und das muss auf eine Weise passieren, welche die Kinder berührt. Viele Jahre lang hielt man es für wichtig, dass die Kinder Jahreszahlen und Kriegsschauplätze auswendig lernen. Der Unterricht erreichte nur das Gehirn und erzog kleine Automaten, die historische Ereignisse herunterrattern konnten, ohne richtig verstanden zu haben, worum es ging.

Um ein echtes Verstehen mit tiefer Einsicht zu erzeugen, muss sich der Unterricht ans Herz richten. Um das zu erreichen, muss man Makroereignisse auf der Mikroebene darstellen, von einzelnen Menschenschicksalen ausgehen, um die Epoche zu vermitteln. Man muss vom Jetzt ausgehen, Ereignisse finden, die leicht mit der damaligen Zeit verknüpft werden können, und die

Aufmerksamkeit darauf richten, wie leicht die Dinge eine andere Entwicklung nehmen können, als man vielleicht gerade denkt. Man muss auf die Verantwortung des Individuums für sich selbst und die Gesellschaft pochen und deutlich machen, wie gefährlich es ist, zu manchen Dingen zu schweigen.

Doch der Holocaust sollte in allen Schulfächern Raum bekommen – in allen, von Religion und Erdkunde bis hin zu Sport und Chemie. Es ist wichtig, dass allen Lehrern dies bewusst ist und dass sie darüber sprechen, wie ihr Fach mit dem zu tun hat, was damals geschah. Auch in den praktischen Fächern sollte er Raum finden: Im Kunstunterricht zum Beispiel stehen den Schülern Möglichkeiten offen, ihre Gefühle auszudrücken und so einen tieferen Eindruck von sonst nur theoretischem Wissen zu erlangen. Nach der Arbeit mit einem Buch über den Holocaust könnten die Schüler mit Ton arbeiten, zeichnen oder malen, Collagen anfertigen oder andere künstlerische Ausdrucksmittel nutzen, die ihnen liegen, um das Gelernte zu verarbeiten.

Lehrer sind oft innovativ, und sie sollten mit ihren Kollegen darüber sprechen, auf welche Art man den Schülern das Thema nahebringen kann. Gute Lehrer werden Vorbilder für Schüler. In einer Krisensituation später im Leben kann das einen großen Unterschied machen.

Wie sehen Sie die Zukunft?

Ich glaube nicht, dass sich mein Blick auf die Zukunft von dem anderer unterscheidet, wenn man bedenkt, wie die Welt heute aussieht. Rechtsruck, wachsender Antisemitismus, Fremdenfeindlichkeit und Umweltzerstörung. Wenn man morgens die Zeitung aufschlägt, kriegt man es mit der Angst zu tun.

Trotzdem bin ich hoffnungsvoll.

Wenn man auf vergangene Jahrhunderte schaut, sieht man, dass auf eine kriegerische Zeit oft eine Zeit des Friedens und des Wohlstands folgte. Es gibt eine Entwicklung vorwärts, doch sie verläuft nicht geradlinig. Momentan durchlaufen wir ein Tief, doch das ändert sich, bald geht es wieder aufwärts.

Wenn ich die Jugendlichen von heute betrachte, bin ich optimistisch. Sie sind so viel selbstbewusster, besser informiert und interessierter an der Welt. Ich glaube felsenfest, dass sie den Willen und die Möglichkeit besitzen, die Probleme von heute zu lösen.

Wenn ich jungen Menschen begegne, bin ich erstaunt, wie sie sich, seit ich begonnen habe, Vorträge zu halten, verändert haben. Aus mäßig interessierten sind immer wissbegierigere Menschen geworden. Sie stellen mehr Fragen. Sie nehmen das Wissen sowohl mit dem Kopf als auch mit dem Herzen auf, das Verstehen erfolgt sowohl intellektuell als auch emotional.

Meine Vorträge enden meist damit, dass ich von den Schülern höre: »Machen Sie sich keine Sorgen, wir werden das, was Sie erzählen, weitertragen. Wir wollen nicht, dass es sich wiederholt.«

Ich glaube, dass auch die Schulbehörden begriffen haben, wie wichtig es ist, einen beständigen Kampf gegen das Vergessen zu führen, und das tut gut.

Wenn Menschen jeder Hautfarbe, jedes Glaubens, jedes ethnischen Hintergrunds und jedes Alters zusammenhalten gegen diejenigen, die nicht verstehen, wie gut wir es in unserer Demokratie haben, dann wird es uns gelingen, diese Demokratie zu bewahren.

Was können wir aus dem Holocaust lernen?

Ich habe viel erlebt und ein hohes Alter erreicht, habe Bücher und Zeitungsartikel geschrieben und über dreißig Jahre lang Vorträge gehalten. Was ich damit immer sagen wollte und auch jetzt noch sagen will, ist: Lernt aus meinen Erfahrungen und denen der anderen. Das ist eine hohe Kunst, doch es ist der einzige Weg, dem Leid zu entgehen, das wir im Holocaust erfahren haben.

Eine deutsche Gräfin, die ebenso wie ihre Mutter im Widerstand gegen Hitler aktiv war, sagte nach dem Krieg: »Ich möchte nicht an die Vergangenheit denken, da sie ihre Bedeutung verloren hat. Die Welt hat nichts aus ihr gelernt – weder die Schlächter noch die Opfer noch die Zuschauer. Unsere Zeit ist wie ein Totentanz, dessen unheimlichen Rhythmus wenige verstehen.«

Diese Worte klingen heute wahrer denn je, aber wir dürfen diese Einstellung niemals akzeptieren, uns nicht auf ihr ausruhen. Wir dürfen den Kampf nicht aufgeben, wir müssen weiter unser Wissen verbreiten, neuen

Generationen helfen, diesen Rhythmus zu verstehen und auf diese Weise die Fehler der älteren Generationen zu vermeiden.

Welchen Rhythmus? Charismatische Führungspersonen nutzen die Unzufriedenheit des Volkes mit den herrschenden Verhältnissen aus. Sie versprechen einfache Antworten auf komplizierte Fragen und eine utopische Zukunft ewigen Glücks. Diese falschen Propheten klingen so überzeugend, dass man ihnen leicht verfallen kann. Erst viel später merkt man, dass diese Versprechen einen Preis hatten. Die Hoffnungen sind nicht erfüllt worden, und man hat sowohl seine Freiheit als auch sein Zuhause verloren. Nun sehnt man sich nach dem zurück, womit man anfangs unzufrieden war. Die Deutschen haben die Weimarer Republik gegen Hitlers Traum vom Tausendjährigen Reich eingetauscht, der in den Ruin führte. Wenn wir ins Jahr 1914 zurückblicken, dann sehen wir, wie deutsche und französische junge Männer begeistert in den Krieg marschierten, um nach vier Jahren in einem ruinierten Europa reuevoll zu sagen: »Nie wieder Krieg.« Und heute sind wir wieder unzufrieden damit, wie die Dinge liegen – wohin wird uns das führen? Wo und wann hat das eigentlich angefangen?

Wenn wir zurückschauen, zurück zur Morgendämmerung der Geschichte, sehen wir, wie auf jeden zerstörerischen Krieg eine ruhige, helle Periode folgte, an die sich dann bald wieder Dunkelheit und ein neuer Krieg anschloss. Wo finden wir den Ursprung?

Ich glaube, dass es damit anfing, dass die Begriffe »wir« und »die« zum ersten Mal benutzt wurden. Mit diesem Gedanken blicken wir zu den Menschen zurück, die die ersten Ackerbaugesellschaften gründeten. Die Familien lebten voneinander getrennt ohne Kontakt miteinander, und je nachdem, ob sie wuchsen und das Bedürfnis nach mehr Raum verspürten, hoben sie den Blick zur Nachbargesellschaft. Durch die Eroberung von »deren« Gebiet bekam das »wir« Raum zum Atmen, und es entstand eine Zeit der Ruhe, bis die Gesellschaft wieder zu groß geworden war. Der Mensch ist von Natur aus egoistisch; erst komme ich, dann kommen wir, und die anderen sind »die« – die Fremden, die wir nicht kennen, die uns nichts angehen.

Die Jahre vergingen, die Erdbevölkerung wuchs, und während sich das Gehirn des Menschen weiterentwickelte, blieb das Verhalten dasselbe. Die Forderung nach immer mehr Lebensraum ließ mit den Jahrhunderten den Kolonialismus entstehen, der sich zunehmend ausbreitete. Um das Gewissen der Weißen zu erleichtern, wurden Rassentheorien verbreitet, für die Darwins Entdeckungen bei den Tieren Modell standen.

Was habe ich gelernt, was davon möchte ich weitertragen? Zuallererst, dass wir Menschen gleich sind. Das habe ich auf die harte Tour lernen müssen, durch Erfahrung.

In meiner Kindheit war es selbstverständlich, dass es Herrschaft und Dienstvolk gab. Wir waren nicht reich, aber wir hatten immer ein Dienstmädchen, das die Hausarbeit erledigte. Es stand frühmorgens auf, um ein Feuer anzuzünden, sodass wir beim Frühstück nicht frieren mussten. Ich sehe bis heute die Eisblumen an den Fensterscheiben, die langsam schmolzen, während das Dienstmädchen mich sorgfältig anzog. Ich nutzte es auch aus, obwohl ich schon fast eine Jugendliche war. Die Zeit im Lager hat mich gelehrt, dass das falsch war. Niemand sollte über einen anderen bestimmen, weder Geld noch ethnische Zugehörigkeiten dürfen einen Grund darstellen, jemanden schlecht zu behandeln.

Während früherer Jahrhunderte haben einige sich mehr Grund und Boden verschafft und dadurch mehr Macht. Die Mächtigen haben die Armen und Schwachen unterworfen, und das Ergebnis war eine Einordnung der Menschen in besser und schlechter. Zu Beginn des 19. Jahrhunderts verbreitete sich die irrige Auffassung, dass die Menschheit in verschiedene Rassen aufgeteilt werden könne. Daraus entstanden Vorurteile, die es bis heute gibt. Vorurteile sind schwer zu bekämpfen, der angeborene Egoismus des Menschen bewirkt, dass wir uns alle überlegen fühlen wollen. Es gab viele Schweden, die stolz darauf waren, sich als »Arier« bezeichnen zu dürfen, als Hitler behauptete, die nordisch-germanische Rasse sei besser als alle anderen.

Juden und Roma sind zwei Gruppen, gegen die sich seit Anbeginn der Zeit Vorurteile richten. Als Jüdin musste ich mit Vorurteilen gegen uns Juden aufwachsen, und gleichzeitig war es selbstverständlich für mich, dass Roma weniger wert waren als wir. Es dauerte lange, ehe mir meine eigenen Vorurteile bewusst wurden. Da war ich schon in Schweden, lebte in Dalarna und hatte drei kleine Kinder.

Eines Tages verschwand mein Zweijähriger, und wo ich auch suchte, ich fand ihn nicht. Ich war sehr beunruhigt und ging zur Nachbarin, die sagte: »Da ist eine Zigeunerfamilie vorbeigezogen, vielleicht haben die ihn mitgenommen.« Und ich war nah daran, ihr zu glauben. Erst als das Kind aus einem Johannisbeerbusch auftauchte, begriff ich, dass hier das alte Vorurteil spukte, das mich die Worte der Nachbarin ernst nehmen ließ.

Es ist wichtig, seine eigenen Vorurteile zu erkennen. Das kann man tun, indem man sich zum Beispiel immer gleich fragt, worin der Widerwille begründet liegt, den man gegen jemanden empfindet. Indem man sich prüft und den Ursprung des Gefühls entdeckt. Vorurteile legen den Boden für Hassgefühle, Rassismus, Antisemitismus, Antiziganismus und Islamfeindlichkeit, Gefühle, die manchmal daher rühren können, dass uns jemand aus dieser Gruppe Schaden zugefügt hat. Doch man muss das Individuum kennenlernen, um es beurteilen zu können. Wir haben instinktiv Angst vor dem Unbekannten, das ist ein primitives Gefühl im Menschen. Als Menschen in Ackerbaugesellschaften lebten, war dieses Gespür lebenswichtig, das Unbekannte konnte gefährlich sein, doch heute ist das Gefühl kontraproduktiv.

Jeder Einzelne von uns hat Verantwortung, sowohl für die Gesellschaft, in der wir leben, als auch für sich selbst. In den Dreißiger- oder Vierzigerjahren waren die Menschen nicht anders als heute, dieselben Typen existieren weiter. Das erkennt man am besten auf dem Schulhof in Mobbing-Situationen. Da gibt es den Täter, der schlägt, das Opfer und den, der zusieht, ohne einzugreifen, den Zuschauer. Hoffentlich gibt es auch den einen oder anderen, der dem Opfer zur Hilfe kommt. Dass man kein Täter sein darf, ist selbstverständlich, aber man darf auch nicht bloß Zuschauer sein, das macht einen ebenso schuldig wie den Täter.

Heute leben wir in einer Demokratie. Auch wenn sie nicht perfekt ist, so gibt es doch keine bessere Regierungsform. Für die Demokratie müssen wir jeden Tag kämpfen, damit wir sie bewahren können. Sonst kann es leicht geschehen, dass die Unzufriedenheit mit ihr den charismatischen Führer hervorbringt, der Europa wieder in Gefahr bringt. Wir dürfen nicht in Schwarzseherei verfallen, wir müssen weiterkämpfen, auch wenn die Welt sich heute düster zeigt.

Könnte es wieder passieren?

Das, was einmal passiert ist, kann wieder passieren – nicht auf dieselbe Weise, aber mit ähnlichen Ergebnissen.

Wenn wir auf die Entwicklung der Geschichte zurücksehen, können wir feststellen, dass eine Generation genügt, um die Erfahrungen früherer in Vergessenheit geraten zu lassen. Wir wissen, dass der Holocaust nicht die erste organisierte Ausrottung als weniger wert erachteter Menschen war. Doch es war der erste Massenmord, der den Namen »Genozid« erhielt und dessen Anstifter bestraft wurden.

Während des Kolonialismus blühte die Überzeugung von der Überlegenheit des weißen Mannes, und nicht geahndete Morde an Eingeborenen waren mehr die Regel als die Ausnahme. Ein Völkermord fand zu Beginn des 20. Jahrhunderts in Deutsch-Südwestafrika statt, als die Deutschen mit großer Grausamkeit das Volk der Herero nahezu auslöschten. Einige Historiker meinen, dass dies später für Hitler als Blaupause gedient habe.

Menschen wurden verfolgt und ungestraft ermordet, und ein junger polnischer Jurastudent namens Raphael Lemkin begann darüber nachzudenken, dass dies juristische Konsequenzen haben müsste. Doch erst müsste das Morden einen Namen bekommen, und so prägte er später das Wort »Genozid« aus dem griechischen *génos* (»Volk«) und dem lateinischen *caedere* (»töten«). Sein ganzes Leben lang kämpfte Lemkin dafür, dass der Völkerbund anerkannte, dass der Genozid ein strafwürdiges Verbrechen war. Erst 1948, nach dem Holocaust, wurde seine Forderung umgesetzt und als »Konvention über die Verhütung und Bestrafung des Völkermordes« von der Generalversammlung der Vereinten Nationen beschlossen. Bis heute schlossen sich nahezu 150 Staaten der Erklärung an.

Trotzdem fanden seither Völkermorde statt, etwa in Ruanda und in Bosnien. Dadurch war klar, dass die Androhung von Strafe nicht genügt, um zu verhindern, dass Genozide wieder geschehen. Heute wissen wir, dass etwas anderes nötig ist: eine andere Erziehung unserer Kinder.

Neue Generationen müssen fortlaufend an vergangene Verbrechen erinnert werden. Die Erzieher der jungen Generation, Eltern und Lehrer, vermitteln sie ihren Kindern bzw. Schülern mithilfe von Geschichtsbüchern, Erinnerungsorten und Museen. Noch gibt es auch einzelne Augenzeugen, die von eigenen Erlebnissen berichten können. Es ist sehr wichtig, wie diese Vermittlung umgesetzt wird. Wenn sich das Wissen nur an den Kopf richtet, dann wird es leicht vergessen. Es muss gleichermaßen das Herz erreichen, damit es auch emotional verstanden werden kann. Denn wir fassen unsere Welt mit dem Kopf und mit dem Herzen auf.

Das gute Beispiel von Eltern und Lehrern ist es, welches das Herz schult. Sie können kommende Generationen zu Empathie und bedingungsloser Liebe erziehen und so eine Welt ohne Hass schaffen.

Bald wird es die Augenzeugen nicht mehr geben, und um zu verhindern, dass der Holocaust wieder geschieht, müssen ihre Erzählungen weitergetragen werden. Genauso wie am Fest Pessach-Fest der Vater die Erzählung vom Auszug aus Ägypten vorliest, sollte auch diese Erzählung vorgelesen werden, als wäre der, der sie vorträgt, selbst dabei gewesen. Ich glaube, das wäre das Beste. Wir haben bereits den festgelegten Holocaust-Gedenktag, den 27. Januar. Ich hoffe, er wird eine langlebige Tradition begründen, durch die kommende Generationen diese Erzählungen auf eine Weise weitertragen können, welche die Herzen der Zuhörer erreicht.

Dank

Ich möchte allen Schülerinnen und Schülern danken, die meine Vorträge angehört und mir diese wichtigen Fragen gestellt haben. Fragen sind wichtiger als Antworten. Nur indem man Fragen stellt, kann man ein klein wenig begreifen, was geschehen ist.

Wir werden niemals eine eindeutige Antwort darauf erhalten, warum der Holocaust stattgefunden hat. Doch indem wir alle Fragen über das Wie, Wann und Was zusammenstellen, können wir uns ein Bild von der Vergangenheit machen, von den sichtbaren und den verborgenen Prozessen, die zum Holocaust führten.

Es ist nach einem Vortrag nicht leicht, aufzustehen und Fragen zu stellen. Was ich fragen will, ist dumm, denkt man oft, und dann lässt man es bleiben. Doch es kann gerade diese Frage sein, die zum Verstehen führt.

Inhalt